乔峰·健安体系丛书

——太极拳科学训练八周通

执迷太极

永坤书于戊戌年孟月大雪

于学风
李永坤
杨　浩
编著

人民体育出版社

序一

生命的律动

曹 锐

从二十多年前学习中医开始，就跟着老师学习站桩、打坐、太极拳。虽然不是很明白其中的道理，但由于对中医和传统文化懵懂的喜欢，还是断断续续地在锻炼着。

毕业后，就从事着针灸推拿的临床和教学，在给学生讲课的过程中，始终觉得，中医学应该是一套自成体系的、有完整传承的科学体系，可就是讲不明白。

为了解答这个疑惑，这两年我就开始出去学习。我先跟着沈志刚老师学习道家养生功法，学习打坐，学习呼吸，学习走路。听沈老师说，一套太极拳打下来，可以疏通全身经络，知道是对的，可其中的道理还是不能明白。

后来，有幸跟着台湾的林两传老师学习林氏手法。老师说起，人体的筋骨皮如何会紊乱，怎样查到，如何造弧，用"导引"的方法把皮筋骨调顺。于是想到，沈老师讲导引调气，林老师讲导引调整皮筋骨，那么，这个"气"和这个"形"是不是会有内在的联系？后来，又跟随新加坡的毛泰之老师学习柔性正骨。毛老师讲到手法首重治神，形意相随，推筋正骨。三位老师讲治病、讲养生，都在讲形、气、神的关系。概括起来可以牵强地套用一句古话形容："内调神与气，外调筋骨皮。"用"调"就是治病，用"练"就是养生，这样大概就可以把中医各科治病和养生的机理统一了。

现代西方医学喜欢用解剖知识来阐述人体，提出"肌筋膜链"来解释人体运动的协同现象，提出"核心肌"来强调脊柱及躯干肌肉筋膜在运动中的重要性，提出"肩肱节律"来说明人体运动过程中的节律特征。

所以我觉得，会不会有这样一种可能性，人体的运动是一个系统工程，人体的运动是有整体节律的，这个节律的起始是从脊柱的稳定开始的，例如，脊柱周围短肌收缩—脊柱稳定（一端固定）—髂腰肌收缩（牵拉另一端）—股四头肌收缩（向下依次类推，运动的节律）。如果真的如我猜测的这样，人体的运动就可以有这样的概括，就是神经的冲动带动身体的肌肉和筋膜由内向外依次节律性收缩，产生运动。听起来有一种"道生一、一生二、二生三、三生万物"的感觉。

乔峰老师与我亦师亦友，闲暇时会给我讲一些武学的道理，于是我知道了太极拳训练非常强调站桩，然后才是拳法套路的练习。于是我在想，先用站桩强化核心肌，再用拳法姿势的弧线理顺筋骨皮的关系，是不是就是内经里讲到的"骨正筋柔，气血以流"？

如果这种生命的运动节律是存在的，我们就可以解释很多锻炼方法，芭蕾舞用立足尖，军队用站军姿，中国古人用站桩的静力性训练来锻炼核心肌，然后再用舞蹈、军体拳、太极拳等动态方法来训练机体的律动。

对比几种方法的优劣，我们自然就会知道，中国古典文化伟大到什么程度，继承和发扬是我们应该做的事情。乔峰老师及其团队于此时写作此书，做的正是卫道和传道的工作。感谢乔峰老师的执着，也借此序与同行者共勉。

（注：本文作者系辽宁中医药大学针灸推拿教研室主任、辽宁省按摩协会会长、中国民间中医医药研究开发协会北派筋骨辨证手法分会会长、辽宁省针灸学会常务理事。）

序二

培根筑基　开悟开慧

邓福明

乔峰武痴，拳理精通，出版了很多武术书籍，年轻有为，文武双全。喜闻其团队作品《轨迹太极——太极拳科学训练八周通》即将付梓，实为武林中又一硕果。

本人习武四十多年，不断研读孙禄堂武学大作，深深扎根孙氏拳学和拳道之中。这次得乔峰信任略述《轨迹太极——太极拳科学训练八周通》，虽然个人文笔不佳，但看过书稿后，觉得此教程确实科学实用，利于大众健康，能够使实践者从中开悟开慧，值得推荐推广。

此书图文并茂，深入浅出。用科学训练方法阐述精微，培根筑基，简化速成。从站桩到实用推手，练体练用，操作多种圆弧、螺旋轨迹。从人体架构、手眼身法步到周身一家，无不体现了养生防卫即一体的本质。从各种轨迹求轻灵，从物理几何求观察，从思想生理求调养。读者若能学以致用，定然能够增强体质、调整心性，使身心不断得到完善与提高。

（注：邓福明先生，孙氏武学唐山地区主要传承人，师承梁凤祥先生。梁先生师承孙剑云先生。邓先生曾应"广东俏佳人"之邀主讲拍摄了多部孙氏武术教学光盘，在国内外引起轰动，更有外国武术爱好者专程到中国跟随学习，国外弟子有百余人。）

另类练法演太极

  太极拳是中国传统武术百花园中的一枝瑰丽的奇葩，其构思奇特，风格独树一帜。自太极拳术创立伊始流传至今，其范围由早期家族内部传承逐渐扩展至现在的公开流行，风靡世界，而且影响力不断攀升。据相关报道，早在2013年全球太极拳习练者的数量已经达3亿人之多。

  虽然太极拳习练者人数众多，但并不能等于说太极拳就易学好练。事实与实践证明，太极拳与流行的西方健身方式比较，绝对是一门不易上手的运动形式。太极拳运动除了外在的肢体动作外，其内涵底蕴往往是最不易为人理解的，这正是制约太极拳初学者登堂入室的障碍所在。仅就这个层面而言，太极拳并不适合习练者自学。正统的太极拳学练，首先需要"师傅领进门"，然后才是"修行在个人"。

  在今天武术的传播与推广中，由于多种文化思想的交融、碰撞及其他方面的因素，师徒有"缘分"才能相遇。否则，即便知道某某师傅是高手、是所谓的正宗，也会形同陌路。于是问题接踵而至——在"缘分"没有出现的情况下，习练者个人能否自修太极拳吗？想回答这个问题，则需要进一步深研传统太极拳师傅带徒弟的教学模式。

　　口传心授是传统太极拳师傅带徒弟最根本也最常见的形式。所谓"心授"，也就是要心领神会，教学双方都需要真心、专心与用心；而口传除了本意外还有另外一层含义，也就是言传身教。针对学生个人的特点，老师带着学生把拳法、招式、细节一一弄清，如此使学生的拳技得到不断的精心雕琢。毋庸置疑，这样的教学成绩必当斐然。但是，口传心授也有不足之处，就是成材率或者说是出徒率过低。这是因为除了缘分这个前提外，即便在同一体制下，同是师徒关系的不同学生，由于与老师关系的不同，直接影响到了"心"授与言传身教的程度。当然，成材率的高低同样与学生本身的素质有很大关系，这也是影响成材率的一个不可否认的关键因素。

　　口传心授与言传身教的实质最终可以归结为两个字，即秘传。这既包含了教学内容也包含了教学方式。秘传就是不对外公开流传的意思，所以就别指望由此造就出大批的高手、大师了。即便是网络通达、信息公开、知识共享的今天，传统太极拳秘传之说依旧存活在许多人心中。以至于没有经过师傅传授的爱好者练习的太极拳，常被经过师傅传授的人笑谈为"太极操"。

但话又说回来了，现在太极拳到底还存在不存在所谓的不传之秘呢？客观地讲，拳谱文字类的内容已无任何秘密可言，现在各种各样的拳谱资料已经满天飞，其流布程度绝对可以用"泛滥"二字来形容。如果真要说不传，只能说不传的是对拳谱的理解和解释，即用行为动作反映拳谱的形式，因为中国的文化与文字内涵太丰富了，不同的人对同一段文字的认知理解可能是不同的，特别是对那些含混晦涩的古文的理解。但是，无论对拳谱的举止动作作何解释，都不会超越人体运动力学规律。正所谓大道唯一、真理不二。

传统太极拳具体的传授形式当属于列举式教学，也就是对学习内容逐一讲解，极尽所有招式技法，这样学练就可能要花费大量的时间。由此而论，"太极 N 年不出门"之说也在情理之中。

习练者自修太极拳，需要突破原有传统形式上的束缚，才能缩短入门时间。此所谓"另类练法演太极"。

本书以"实质大于形式"为根本出发点，突破了传统太极拳师傅带徒弟的训练模式。习练者用科学方法进行太极拳练习，可在短时间内做到快速入门。教程以训练的先后顺序，依次分划为筑基、走架、实战推手实践与总结复习四个阶段。

筑基阶段，是突破原有传统形式的根本所在，其以人体运动及生物力学原理为准绳，对太极拳的节节分家与节节贯通理论概念，分别进行了有的放矢的"现代化"的科学训练。这其中既包含动作规范训练，也包含相关功力训练。

在这部分内容当中，我们对运动外在表象即轨迹进行总结，定义运动规律。通过对肢体动作逐一规范与合理复合，重新构造人体的正确运动模式，开启了健康与武术技术学练新捷径。

走架阶段，以国标二十四式太极拳为训练主体内容。承接筑基阶段的训练成果，运用运动轨迹理念指导习练者学练太极拳套路，与常规传统太极拳学练比较，效率事半功倍。这个阶段在盘拳走架之余，附带了典型的实用招式技法的讲解。

推手是太极拳的特有训练形式，也是不可或缺的内容。作为太极拳习练者，不能不知也不能不懂。否则，即便是其他内容练得再突出，也可能有人否定你的太极拳或者认为你的太极拳不完整。本教程是太极拳教程的另类，其所涉及的推手内容并非传统，而是直指实用核心的一些入门训练方法。比较而言，这个推手内容不需要师傅的喂劲，只需要照本练习即可达到感知应对初级攻防的水平。

最后的总结复习阶段，是对前面三个阶段的训练进行全面总结，巩固所学，为以后深入学习太极拳做铺垫。

另外，本书以课时安排为阅读基线，方便读者逐日学练。读者朋友特别是初学的朋友在使用此教程学练太极拳的过程中，建议尽可能按照本书课程的时间安排，按部就班地进行训练。同时需要确保每天的训练时间与热情投入，总结每天所练，分享训练所得。

本教程打破了以往在套路形式上认证太极拳的标准，提出了用运动原理指导太极拳训练的方法，易于接受，方便学习，提升了训练效率。这是一种前所未有的尝试，相对于正统而言绝对是另类。

饮水思源，首先需要特别感谢的是轨迹拳学创始人李紫剑先生，正是李先生的轨迹运动原理启发了我对太极拳法的深入研究。同时感谢孙式武学大家邓福明老师的鼓励，感谢辽宁中医药大学曹锐教授的支持……感恩一切相遇，无所谓好坏，本书能够正式付梓出版公开发行皆是因缘而起……

最后我们还要向各位前辈先哲致敬，是他们创立、发展了太极拳术，为我们留下了宝贵的文化遗产！

李永坤
2018年2月8日

目 录

第一阶段　培根筑基 …………………………………（1）

　第一周　基本手法 …………………………………（5）

　　第一天　体验三圆桩 ……………………………（5）

　　第二天　平圆手法训练 …………………………（11）

　　第三天　横立圆手法训练 ………………………（17）

　　第四天　纵立圆手法训练 ………………………（23）

　　第五天　斜圆手法训练 …………………………（27）

　　第六天　圆的联络与交叉训练 …………………（33）

　　第七天　复习总结第一周训练内容 ……………（36）

　第二周　基本身法 …………………………………（38）

　　第一天　六面凹凸练脊柱 ………………………（39）

　　第二天　纵立圆摇身 ……………………………（43）

　　第三天　平圆摇身 ………………………………（46）

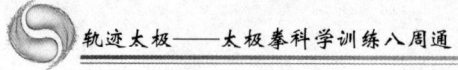

第四天　横立圆摇身 …………………………… (49)

　　第五天　斜圆摇身 ……………………………… (51)

　　第六天　螺旋摇身 ……………………………… (54)

　　第七天　复习总结第二周训练内容 …………… (56)

第三周　基本腿法 …………………………………… (57)

　　第一天　纵立圆之前立圆腿法训练 …………… (58)

　　第二天　纵立圆之后立圆腿法训练 …………… (61)

　　第三天　横立圆腿法训练 ……………………… (63)

　　第四天　平圆腿法训练 ………………………… (65)

　　第五天　腿法诱导训练之进退步法 …………… (67)

　　第六天　腿法诱导训练之前蹬 ………………… (70)

　　第七天　复习总结第三周训练内容 …………… (72)

第四周　周身一家 …………………………………… (73)

　　第一天　云手训练 ……………………………… (73)

　　第二天　斜飞训练之原地斜飞 ………………… (78)

　　第三天　斜飞训练之亮翅斜飞 ………………… (82)

　　第四天　斜飞训练之回头斜飞 ………………… (85)

　　第五天　斜飞训练之进退斜飞 ………………… (87)

第六天　左右蹬腿训练 …………………（90）

第七天　复习总结第四周训练内容 ………（92）

第二阶段　简化太极拳速成 …………（93）

第五周　拳架学练 ……………………（95）

第一天　基础再补遗 …………………（95）

第二天　第一组训练 …………………（100）

第三天　第二组训练 …………………（105）

第四天　第三组训练 …………………（111）

第五天　第四组训练 …………………（116）

第六天　第五组训练 …………………（121）

第七天　复习总结第五周训练内容 ………（125）

第六周　拳架学练（续）………………（126）

第一天　第六组训练 …………………（126）

第二天　第七组训练 …………………（129）

第三天　第八组训练 …………………（134）

第四天　套路整体训练 ………………（139）

第五天　典型技法应用例解 …………（141）

第六天　典型技法应用例解（续）………………（146）

第七天　复习总结第六周训练内容 ………………（151）

第三阶段　体验非传统推手 ………………（152）

第七周　实用推手入门 ………………（154）

第一天　掤与捋 ………………（155）

第二天　挤与按 ………………（158）

第三天　入门级推手套路训练 ………………（161）

第四天　推手技法实践（一）………………（166）

第五天　推手技法实践（二）………………（170）

第六天　推手技法实践（三）………………（174）

第七天　复习总结第七周训练内容 ………………（178）

第四阶段　比较总结 ………………（179）

第八周　专题复习 ………………（180）

第一天　手法训练复习 ………………（180）

第二天　身法训练复习 ………………（182）

第三天　腿法训练复习 …………………（183）

第四天　运动合成复习 …………………（185）

第五天　盘拳走架复习 …………………（186）

第六天　实践训练复习 …………………（189）

第七天　整体学习总结 …………………（190）

第一阶段　培根筑基

运动系统由骨、关节和肌肉等组成。人体运动就是人在大脑支配下，通过运动系统以实现位置移动或保持姿势。理论上讲，人体最基本的位移运动是杠杆运动，其中骨是运动杠杆，关节是支点，肌肉是动力。对于普通的拳术实践者而言，大多数人不可能如同科研人员那样"深入"到人体内部当中去探究每个动作的"细枝末节"，更多的则是通过对人体外在的运动轨迹的观察来定义动作过程。

人体运动—轨迹

人体运动轨迹是指由身体的某一部分从开始位置到结束位置所经过的路线而组成的动作空间特征。通常情况下，运动轨迹由方向、形态、幅度三个特点表示出来。

轨迹的方向是根据身体的面而确定的。身体基本面分为矢状面、冠状面和水平面。

（1）矢状面：是指前后方向。将人体分成左、右两部的纵切面，该切面与地平面垂直。

（2）冠状面：是指左右方向。将人体分为前、后两部的纵切面，该切面与水平面及矢状面互相垂直。

（3）水平面：又称横切面，是指与地平面平行、与矢状面和冠状面相互垂直的平面。

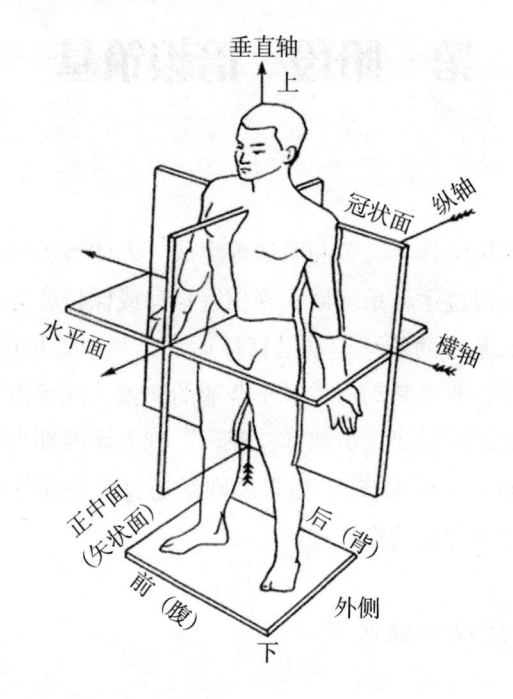

运动的轨迹可分前、后、左、右、上、下六个基本方向，又可进一步细分为前上、前下、左前上、左前下以及回环等更多的方向。身体运动轨迹也可用外部的标志物来确定。

轨迹的基本形态（即表现形式）有直线、曲线、抛物线三种。

轨迹的幅度是指运动动作范围大小，一般情况下是用角度来衡量。身体某些部分的幅度是用长度和角度来表示的；身体各部分的运动幅度取决于关节、韧带和肌肉的灵活性和弹性。不同的运动项目对实践者运动的幅度都有不同的要求，如跑的步幅过大,会影响速度。但有些练习,如掷铁饼在出手前,要求投掷臂做到最大幅度。因此,只有按各种练习的特点规定出相应适宜的幅度才是最有效的。

人体运动与其运动轨迹的对应关系是只要轨迹相同就等价于动作相同。

从物理与几何学角度观察,人体所有运动都可以归纳为圆运动。人体的局部运动,都是围绕着一个圆心做旋转运动的,单一的局部运动只做特定的圆运动,两个以上局部运动组合起来,就可以完成任意的、随意的圆运动。

以圆所处的状态位置不同,大体可分为三类,即平圆、立圆与斜圆。与水平面平行的圆即是平圆;立圆分为横立圆与纵立圆,横立圆指与冠状面平行的圆,纵立圆指与矢状面平行的圆;介于立圆与平圆之间的圆即斜圆。对于三圆概念,实践者也可简单加以理解——画在水平地面上的圆就是平圆,画在墙壁上的圆就是立圆,画在斜坡上的圆就是斜圆。无论哪种圆,其都有顺逆两个旋转方向。

具体的三圆以其特定弧线走向定名。平圆与斜圆都以其前弧线的走向命名;立圆以其上弧线走向命名;左右对称的横立圆、平圆与前后斜圆,则以中心弧线走向命名。

人体架构—大形

生理学认定,人体由头颈、躯干、四肢三个部分构建而成。在学拳练习过程中,我们可以人为地用"大形"概念进一步对人体的架构再做具体的精简、提炼与分划,即人体大形由上肢线、脊柱线与下肢线三线勾勒而出。这三条主线通过本身的变化和相对的变化演绎出千姿百态的人体造型，也就是大形。大形只论骨干，不计细节。

大形与轨迹的关系

相对静止的大形即功架，实践者通过功架的相对运动来实施某一具体技法。通俗地说，某一技法完成是由功架开始且通过运动再次形成功架的过程。对应于大形与轨迹概念，技法形成可以理解为启动姿势（用大形描述）—运动（用轨迹描述）—结束姿势（用大形描述）。

用大形、轨迹概念阐述与解说太极拳法是本书的特色所在！手法、身法与腿法分别对应了人体三大主线，即上肢线、脊柱线与下肢线的运动。把整体运动理解为三线运动复合来进行技法练习，是一种高效的训练手段。具体训练程序是分别对每一主线进行单独训练，全部达标后再做特定技法整体动作的复合。在最初的单独主线训练阶段，实践者可能感到费时费事，但这就如同开渠灌溉一样，首先要把水的通道开拓好，然后才能做到水到渠成，方便日后的学习训练。

基本手法

手法，泛指上肢线运动。这里我们人为定性指、掌、拳、前臂、肘、肩的运动皆属于手法训练，手法训练目的在于强化上肢一线的力量与提高其攻防动作的熟练程度。任何手法运动都可以适应不同的手型，不同的手型同时又可以从不同的切线角度派生出不同的作用力方式，每一种作用方式又可以有多种随意变化形式。所以说，手法训练是对整体的上肢攻防技术的一种综合、抽象与概括。对具体的上肢技法而言，手法轨迹概念则起到提纲挈领作用。

在练习基本手法前，我们先用一节课的时间学习贯穿于本教程前后的一个功法，就是三圆桩。

第一天　体验三圆桩

（一）学习内容

太极拳功——三圆桩。

（二）训练目的

定型三圆桩，体验"静态"三圆。

（三）课程讲解

1. 基本概念

站桩是中国传统武术中独有的基础实力训练功法，大体可以划分为技击桩与养生桩两类。

技击桩的训练目的在于强化实践者的攻防搏击能力。养生桩的最根本作用在于调养心性、增强体质，使得实践者身体不断强健起来。

技击桩的功效：

第一是造就身体结构的"不空状态"。所谓不空状态，就是身体处处具备不定向支持力，具体表现为打不坏、拆不散的高度稳固的间架结构。

第二是造就机体内在的贯通状态。使力量在身体内部传导畅通无阻，以形成轨迹复合运动所造就的"势"的极大限度的发挥。

第三是精神气势提升。通过站桩功法练习，培养塑造实践者高度戒备如临大敌、如虎扑食一触即发的精神状态。

养生桩是技击桩的基础，技击桩是养生桩的深入与深化。养生桩与技击桩由于侧重点不同，通常来说是呈现不同的间架结构形态，即所谓的大形不同。本书中所涉及的三圆桩相对而言极具兼容性，既可以用作养生桩来修习，也可作为技击桩来加持。当然开始阶段应以养生为重点来加持，而后随着训练的深入逐渐把重点转移到技击上来。

三圆桩，原称浑圆桩、混元桩。因为实践者在站桩过程中，其大形即上肢、躯干与下肢的状态明显对应平圆、纵立圆与横立圆三个相对标准的圆，为了强调突出三圆对应的关系，所以本书以三圆桩来定名。

2. 三圆桩的定桩

实践者从并步垂手站立姿势开始（图 1-1-1）；重心慢慢移到右腿，左脚从脚跟起慢慢抬起直至脚尖点地（图 1-1-2）；然后向左侧开立成横步，两脚间距与肩同宽，或略宽于肩，左脚落实是从脚尖下落点地开始逐渐过渡到脚跟着地，（图 1-1-3、图 1-1-4）；双臂慢慢向前平抬至双手高与肩平，宽与肩同（图 1-1-5）；双膝微屈沉身，与此同时双臂内旋环抱于胸前，重心落于两腿间，身正、颈直、收颌，眼平视前方，至此完成三圆桩的最终定型（图 1-1-6）。

图 1-1-1    图 1-1-2    图 1-1-3

图 1-1-4　　　　　图 1-1-5　　　　　图 1-1-6

3. 动作要点

（1）左脚开立时要做到点起点落，动作要轻缓有度。

（2）定桩时，双脚平放于地面，承重在脚心，即以足弓位置支持身体；双膝屈曲不能超过脚尖，也就是不能形成跪膝；沉身时，髋关节放松，臀部不可向后突出，如同坐在一高凳上一样，脊柱要竖直挺拔；肩要放松，不能耸起；肘关节下垂，双手五指分开，手心向内对应双肩；头颈正直，下颌微微内收，舌尖轻抵上腭。

（3）在维持正确的三圆桩大形的前提下，实践者要从思想与肉体上尽量做到放松。需要注意的是，这里说的放松当理解为松而不懈的意思。

（4）肢体大形对应三圆如下：双臂环抱对应了平圆（图 1-1-7）；躯干矢状面对应了纵立圆（图 1-1-8）；双脚开立后的下肢形态对应了横立圆（图 1-1-9）。

图 1-1-7　　　　　图 1-1-8　　　　　图 1-1-9

（5）关于横步的概念，双脚站在左右水平横线上即是横步。

4. 三圆桩的收功

实践者结束站桩加持时，需要通过一系列收功动作来完成，切不可草草了事。否则，直接影响到整个站桩的练功效果。

实践者收功之时，手臂慢慢下落到身体两侧，与此同时站直身体恢复成自然站立姿势；然后做几次深呼吸；接下来双手互搓至产生温热感，干洗脸、向后梳头若干次；而后左右手交替揉搓后颈若干次；双手沿脊背下行到腰部肾区上下摩擦若干次；双手继续下行，分别对两腿进行拍打放松，此后是双手对拍双臂完成对上肢的放松完成收功。

5. 站桩地点选择

要选择一个环境优美的开阔地段。春秋季节，找一个阳光充足、空气清新的地方，最好在有花草树木之处练习。夏季，一般应在早晨、下午练功，因为到了傍晚，常有蚊虫叮咬，有诸多不便。夏天温度较高，人体新陈代谢加快，长功也快，较之其他季节更适合练功。冬季气温较低，户外练站桩会有些不适，应在屋里练习。因室内练功在空间上受到局限，练功时可在墙壁上贴一张风景画，不但开阔视野、调节情趣，而且可减轻压抑感。另外，实践者进行三圆桩的修习处所应该尽量保持安静，防止站桩过程中受到意外惊扰，影响训练效果。

6. 站桩时间说明

在一天中什么时间站桩最好呢？过饥过饱时都不宜站桩，饭前饭后一小时内最好不练。饥时，练功会出现无力现象；饱时，练功由于使肠胃蠕动，会造成呼吸不自然、憋气、反胃等现象。站桩的时间分配，一般健康人可站半小时以上，在身体能够承受的前提下加持时间可以适度把握。有的初学者在摆正间架后，站上三五分钟，就想把手放下来或改变站桩姿势，倘若实在不能坚持的话，可以停下来休息一分钟，再继续站桩，这时会感到比原来得劲，这种做法只允许做几次，不能成为习惯。不能站累了就把手放下来，然后身体随便摇动或休息，或站累了就坐着练，坐着练累了就干脆不练了，此种练法很难长功夫，也完全违背了站桩之本意。坚持练功并循序渐进，是不断地提高站桩加持的质量与时间的不二法门。

7. 桩功效应说明

实践者站桩过程中可能出现一些身心反应，诸如心烦意乱、肢体振颤或酸麻胀痛、打嗝、放屁、肠鸣、身体局部出现蚁行或跳动、整身沉重或虚无等，这些都是练功正常的效应。

实践者在修习中只要坚持舒适得力、循序渐进的原则，众多不适自然会随着功夫的精进逐渐消失。

（四）训练安排

（1）参照教程学习三圆桩的定型，大约用15分钟。

（2）三圆桩训练，每次3分钟，中间休息1分钟，共计4次，只在最后一次进行收功动作；如果体力好，每次站桩5分钟，中间休息2分钟，共计3次，同样只在最后一次进行收功动作。

（五）学练总结

实践者自己来完成。

第二天　平圆手法训练

（一）学习内容

手法运动的平圆轨迹的学练。

（二）训练目的

通过相关训练，使肌肉产生记忆，掌握上肢水平左右前后运动的规律。为以后太极拳套路、技法应用的学练打基础。

（三）课程讲解

1. 基本概念

虽然圆的概念被人为地分成了平圆、立圆与斜圆三大类，但是在现实当中，由于多种原由不可能单纯地用类别总称来区别此中每一具体的圆。对于同一类圆中的不同个体，则需要对其再度人为命名。

（1）前、后弧：首先我们来认识一下圆的前、后弧概念。在三圆站桩中，双臂合拢围成的平圆，假想一条穿越双肘的水平线把这个平圆平均分成前后两部分。前边半圆上的弧线即前弧，后边半圆上的弧线即后弧（图1-2-1）。个体平圆是以平圆前弧的走向来命名的。

对于单手平圆运动而言，平圆可以分为左平圆与右平圆。

（2）左平圆：即平圆的前弧线是由右向左运动的，即逆时针方向运动的平圆（图1-2-2）。

（3）右平圆：即平圆的前弧线是由左向右运动的，即顺时针方向运动的平圆（图1-2-3）。

图1-2-1 　　　　　图1-2-2 　　　　　图1-2-3

对于双手同时的逆向平圆运动，以两圆交叉弧所在的弦走向命名。

（4）前平圆：左手左平圆同时右手右平圆，两圆的交叉弧线所在的弦运动方向是由内向外、由后向前的（图1-2-4）。

（5）后平圆：左手右平圆同时右手左平圆，两圆的交叉弧线所在的弦运动方向是由外向内、由前向后的（图1-2-5）。

图 1-2-4 　　　　　　图 1-2-5

2. 平圆手法练习

（1）左手右平圆：实践者左右开立与肩同宽成横步，双臂屈肘置于胸前（图1-2-6）；左手向左、向前再向右在身前做顺时针方向平圆运动（图1-2-7~图1-2-9）；最终回到初始位置（图1-2-10）。

图 1-2-6 　　　　　　图 1-2-7

图 1-2-8 　　　　　图 1-2-9 　　　　　图 1-2-10

(2) 左手左平圆：左手右平圆的逆向运动。
(3) 右手左平圆：左手右平圆的镜像运动。
(4) 右手右平圆：左手右平圆的逆向运动。
(5) 双手左平圆：双手同时从胸前位置启动向右、向前再向左逆时针方向做左平圆（图 1-2-11~图 1-2-15）。

图 1-2-11 　　　　　图 1-2-12 　　　　　图 1-2-13

图 1-2-14 　　　　　图 1-2-15

（6）双手右平圆：双手左平圆的逆向运动。

（7）前平圆：双手从胸前位置同时启动，左手左平圆，右手右平圆（图1-2-16~图1-2-19）。

图1-2-16

图1-2-17

图1-2-18

图1-2-19

（8）后平圆：双手从胸前位置同时启动，左手右平圆，右手左平圆，即前平圆的逆向运动。

3. 动作要点

（1）在进行手法运动训练时，整体的动作力求舒展大方，切勿缩手缩脚。

（2）开始训练时，实践者力求动作大形正确，同时尽可能保持桩态。如果整个身体随着手臂运动而动，则需要下盘稳定，即髋关节尽量保持不动。

（3）开始训练的时候以每两秒钟画一个圆为宜，待动作熟练后，可以提高速度至每一秒钟画一个圆。

（4）手法训练从横步站位开始，熟练之后可以过渡到左右纵步站位上来。关于纵步，指实践者双脚前后开立，分别位于前后纵线两侧。左脚在前的纵步称为左纵步，右脚在前的纵步称为右纵步（图 1-2-20、图 1-2-21）。

图 1-2-20 　　　　　图 1-2-21

（5）相关手法运动练习，无论平立斜哪类圆要点均相同。在后面手法的课程中，要点不再重复说明。

（四）训练安排

（1）参照教程学习平圆手法运动，用时 15~20 分钟。

（2）对每一个具体平圆手法，以画一个圆为一拍，实践者以横步、左纵步、右纵步的站位分别各练习四八拍。如果训练过程中感到疲惫，可以适当休息几分钟。

（3）三圆桩练习，每次 3 分钟，中间休息 1 分钟，共做两次；或者直接站 5 分钟，最后以收功的形式结束整个训练。

（五）学练总结

实践者自己来完成。

第三天　横立圆手法训练

（一）学习内容

手法运动的横立圆轨迹的学练。

（二）训练目的

通过相关训练，使肌肉产生记忆，掌握上肢纵向左右上下运动的规律，为以后太极拳套路、技法应用的学练打基础。

（三）课程讲解

1. 基本概念

（1）上下弧：在竖直面上画一横立圆，一条左右方向的水平横线通过圆心把这个立圆分成上下两个半圆，上边半圆上的弧线即上弧，下边半圆上的弧线即下弧（图1-3-1）。个体立圆是以立圆上弧的走向来命名的。

对于单手横立圆运动而言，可以分为左立圆与右立圆。

(2) 左立圆：即横立圆的上弧线是由右向左运动的，即逆时针方向运动的横立圆（图1-3-2）。

图1-3-1 　　　　　　　图1-3-2

(3) 右立圆：即横立圆的上弧线是由左向右运动的，即顺时针方向运动的横平圆（图1-3-3）。

对于双手同时的逆向横立圆运动，以两圆交叉弧所在的弦走向命名。

(4) 上立圆：左手左立圆同时右手右立圆，两圆的交叉弧线所在的弦运动方向由下向上（图1-3-4）。

图1-3-3 　　　　　　　图1-3-4

(5) 下立圆：左手右立圆同时右手左立圆，两圆的交叉弧线所在的弦运动方向由上向下（图1-3-5）。

图 1-3-5

2. 横立圆手法练习

（1）左手右立圆：实践者左右开立与肩同宽成横步，双臂屈肘置于胸前（图1-3-6）；左手向下、向左再向上、向右在身前做顺时针方向横立圆（图1-3-7~图1-3-11）；最终回到初始位置。

图 1-3-6 　　　　图 1-3-7 　　　　图 1-3-8

图 1-3-9 　　　　　　图 1-3-10 　　　　　　图 1-3-11

（2）左手左立圆：左手右立圆的逆向运动。

（3）右手左立圆：左手右立圆的镜像运动。

（4）右手右立圆：右手左立圆的逆向运动。

（5）双手左立圆：双手同时从胸前位置启动向右、向前再向左逆时针方向做左立圆（图 1-3-12~图 1-3-17）。

图 1-3-12 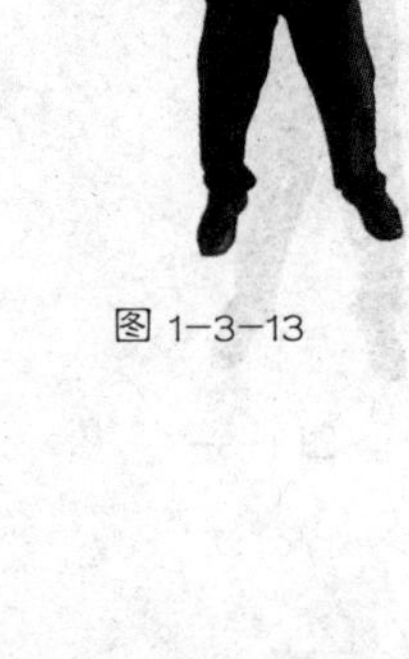　　　　　　图 1-3-13 　　　　　　图 1-3-14

第一周 基本手法

图 1-3-15 　　　　图 1-3-16 　　　　图 1-3-17

（6）双手右立圆：双手左立圆的逆向运动。

（7）上立圆：双手从胸前位置同时启动，左手左立圆，右手右立圆（图 1-3-18~图 1-3-22）。

（8）下立圆：上立圆的逆向运动。

图 1-3-18 　　　　图 1-3-19 　　　　图 1-3-20

图 1-3-21　　　　　　图 1-3-22

3. 动作要点

同平圆手法，此处从略。

（四）训练安排

（1）参照教程学习立圆手法运动，大约用时 10 分钟。

（2）对每一个具体横立圆手法，以画一个圆为一拍，实践者以横步、左纵步、右纵步的站位分别各练习四八拍。如果训练过程中感到疲惫，可以适当休息几分钟。

（3）复习平圆手法运动，大约用时 10 分钟。

（4）三圆桩练习，每次 3 分钟，中间休息 1 分钟，共做两次；或者直接站 5 分钟，最后以收功的形式结束整个训练。

（五）学练总结

实践者自己来完成。

第四天　纵立圆手法训练

（一）学习内容

手法运动的纵立圆轨迹的学练。

（二）训练目的

通过相关训练，使肌肉产生记忆，掌握上肢纵向前后上下运动的规律，为以后太极拳套路、技法应用的学练打基础。

（三）课程讲解

1. 基本概念

（1）上下弧：在竖直面上画一纵立圆，一条左右方向的水平横线通过圆心把这个立圆分成上下两个半圆，上边半圆上的弧线即上弧，下边半圆上的弧线即下弧（图1-4-1）。个体立圆是以立圆上弧的走向来命名的。

对于单手纵立圆运动而言，可以分为前立圆与后立圆。

图 1-4-1

（2）前立圆：即纵立圆的上弧线是由后向前运动的（图1-4-2）。

（3）后立圆：即纵立圆的上弧线是由前向后运动的（图1-4-3）。

图 1-4-2 　　　　　　　图 1-4-3

由单手前后纵立圆运动可以排列组合成双手同位置同时启动的前后立圆与双手同位置先后启动的参差前后立圆。

2. 纵立圆手法练习

（1）左手前立圆：实践者左右开立与肩同宽成横步，双臂屈肘置于胸前（图1-4-4）；左手向上向前再向下向后在身前做前立圆（图1-4-5~图1-4-7）；最终回到初始位置（图1-4-8）。

图 1-4-4 　　　　　　　图 1-4-5

图 1-4-6

图 1-4-7

图 1-4-8

（2）左手后立圆：左手前立圆的逆向运动。

（3）右手前立圆：左手前立圆的镜像运动。

（4）右手后立圆：右手前立圆的逆向运动。

（5）双手前立圆：双手同时从胸前位置启动，向上、向前，再向下、向后做前立圆（图1-4-9~图1-4-13）。

图 1-4-9

图 1-4-10

图 1-4-11

25

图 1-4-12　　　　　　　图 1-4-13

(6) 双手后立圆：双手前立圆的逆向运动。

3. 动作要点

同平圆手法，此处从略。

（四）训练安排

（1）参照教程学习立圆手法运动，大约用时 10 分钟。

（2）对每一个具体纵立圆手法，以画一个圆为一拍，实践者以横步、左纵步、右纵步的站位分别各练习四个八拍。如果训练过程中感到疲惫，可以适当休息几分钟。

（3）复习平圆手法运动与横立圆手法运动，大约各用时 5 分钟。

（4）三圆桩练习，每次 3 分钟，中间休息 1 分钟，共做两次；或者直接站 5 分钟，最后以收功的形式结束整个训练。

（五）学练总结

实践者自己来完成。

第五天　斜圆手法训练

（一）学习内容

手法运动的斜圆轨迹的学练。

（二）训练目的

通过相关训练，使肌肉产生记忆，掌握上肢斜向运动的规律，为以后太极拳套路、技法应用的学练打基础。

（三）课程讲解

1. 基本概念

对于前后高低不平斜圆的命名，本书沿用"平圆的前弧命名"这一规则来定名。

（1）前上斜圆：可以理解为由平圆前弧向上、后弧向下旋转得到的圆（图1-5-1）。

（2）前下斜圆：可能理解为由平圆前弧向下、后弧向上旋转得到的圆（图 1-5-2）。

对于左右高低不平斜圆的命名，本书沿用"立圆的上弧命名"这一规则来定名。

（3）左上斜圆：可以理解为由纵立圆上弧向左、下弧向右旋转得到的圆（图 1-5-3）。

（4）右上斜圆：可以理解为由纵立圆上弧向右、下弧向左旋转得到的圆（图 1-5-4）。

图 1-5-1

图 1-5-2 　　图 1-5-3 　　图 1-5-4

2. 斜圆手法练习

（1）左前上斜圆：单手或双手从胸前启动，做前上斜圆轨迹运动，其前弧由右向左。图 1-5-5~图 1-5-9 所示为右手的左前上斜圆运动；图 1-5-10~图 1-5-14 所示为左手的左前上斜圆运动；图 1-5-15~图 1-5-19 所示为双手的左前上斜圆运动。

第一周 基本手法

图 1-5-5　　　　　　图 1-5-6　　　　　　图 1-5-7

图 1-5-8　　　　　　图 1-5-9　　　　　　图 1-5-10

图 1-5-11　　　　　　图 1-5-12　　　　　　图 1-5-13

图 1-5-14　　　　　图 1-5-15　　　　　图 1-5-16

图 1-5-17　　　　　图 1-5-18　　　　　图 1-5-19

（2）右前上斜圆：左前上斜圆的逆向运动。

（3）左前下斜圆：左前上斜圆的上下对称运动。

（4）右前下斜圆：左前下斜圆的逆向运动。

（5）前左上斜圆：单手或双手从胸前启动，做左上斜圆轨迹运动，其上弧由后向前。图1-5-20~图1-5-24所示为右手的前左上斜圆运动；图1-5-25~图1-5-29所示为左手的前左上斜圆运动；图1-5-30~图1-5-34所示为双手的前左上斜圆运动。

第一周 基本手法

图 1-5-20　　　　图 1-5-21　　　　图 1-5-22

图 1-5-23　　　　图 1-5-24　　　　图 1-5-25

图 1-5-26　　　　图 1-5-27　　　　图 1-5-28

轨迹太极——太极拳科学训练八周通

图 1-5-29　　　　　图 1-5-30　　　　　图 1-5-31

图 1-5-32　　　　　图 1-5-33　　　　　图 1-5-34

(6) 后左上斜圆：前左上斜圆的逆向运动。

(7) 前右上斜圆：前左上斜圆的左右对称运动。

(8) 后右上斜圆：前右上斜圆的逆向运动。

3. 动作要点

同平圆手法，此处从略。

（四）训练安排

（1）参照教程学习斜圆手法运动，大约用时 10 分钟。

（2）对每一个具体斜圆手法，以画一个圆为一拍，实践者以横步、左纵步、右纵步的站位分别各练习四八拍。如果训练过程中感到疲惫，可以适当休息几分钟。

（3）复习平圆、横立圆、纵立圆手法运动，大约各用时 3 分钟。

（4）三圆桩练习，每次 3 分钟，中间休息 1 分钟，共做两次；或者直接站 5 分钟，以收功的形式结束整个训练。

（五）学练总结

实践者自己来完成。

第六天　圆的联络与交叉训练

（一）学习内容

圆的联络与复杂交叉的手法运动。

（二）训练目的

通过相关训练，使肌肉产生记忆，使上肢适应复杂运动，为以后太极拳套路、技法应用的学练打基础。

(三) 课程讲解

我们在前面的平立斜三圆手法运动学习当中，已经涉及了一些圆的交叉与联络形式，比如前后平圆手法运动与上下立圆手法运动。本课我们着重讲几类典型的圆的联络与交叉模式，其实这些手法运动模式是对简单的平立斜三圆运动的深度复合。对前面训练内容理解与掌握的好坏程度，直接影响本课的学习难易。读者朋友如果感觉今天的内容相对多一些或复杂一些，那么可以分作两天来学习，即把一部分训练项目放到第七天中去练习；也可以每天学一部分内容，通过多天努力弄明白。如果实践者前面简单圆运动手法确实做到熟练，那么本课内容并不怎么难。

1. 平圆交错互补训练

（1）左手右平圆，右手左平圆，双手时差始终保持半个圆的用时。

（2）左手左平圆，右手右平圆，双手时差始终保持半个圆的用时。

（3）左手左平圆，右手左平圆，双手时差始终保持半个圆的用时。训练分两种情形：一是双臂交错时，左臂在上右臂在下；二是双臂交错时，左臂在下右臂在上。

（4）左手右平圆，右手右平圆，双手时差始终保持半个圆的用时。训练分两种情形：一是双臂交错时，左臂在上右臂在下；二是双臂交错时，左臂在下右臂在上。

2. 立圆交错互补训练

（1）左手前立圆，右手前立圆，双手时差始终保持半个圆的用时。

（2）左手后立圆，右手后立圆，双手时差始终保持半个圆的用时。

（3）左手右立圆，右手右立圆，训练分两种情形：一是双臂交错时，左臂在外右臂在内；二是双臂交错时，左臂在内右臂在外。

（4）左手左立圆，右手左立圆，训练分两种情形：一是双臂交错时，左臂在外右臂在内；二是双臂交错时，左臂在内右臂在外。

（5）左手右立圆，右手左立圆，双手时差始终保持半个圆的用时。

（6）左手左立圆，右手右立圆，双手时差始终保持半个圆的用时。

3. "8"（或"∞"）字联络手法训练

走向不同的两个圆相互联接，形如阿拉伯数字"8"（或"∞"）字联络。这种手法运动，既可单手练习，也可双手练习，再加之平立斜三圆多种多样，使得"8"（或"∞"）字联络手法纷繁复杂。这里我们仅举四例典型的"8"（或"∞"）字联络手法。

（1）在身体左前方做前右上斜圆手法运动，在身体右前方做前左上斜圆手法运动，两圆在身前以"8"（或"∞"）字联络。这种手法运动简称为正"8"（或"∞"）字联络。

(2) 在身体左前方做后右上斜圆手法运动，在身体右前方做后左上斜圆手法运动，两圆在身前以"8"（或"∞"）字联络。这种手法运动简称为反"8"（或"∞"）字联络。

(3) 在身体左前方做左平圆手法运动，在身体右前方做右平圆手法运动，两圆在身前以"8"（或"∞"）字联络。

(4) 在身体左前方做右平圆手法运动，在身体右前方做左平圆手法运动，两圆在身前以"8"（或"∞"）字联络。

（四）训练安排

(1) 参照教程学习三圆手法运动，大约用时30分钟。

(2) 对每一个具体斜圆手法，以画一个圆为一拍，实践者以横步、左纵步、右纵步的站位分别各练习四八拍。如果训练过程中感到疲惫，可以适当休息几分钟。

(3) 课程以三圆桩练习结束。每次3分钟，中间休息1分钟，共做两次；或者直接站5分钟，最后以收功的形式结束整个训练。

（五）学练总结

实践者自己来完成。

第七天 复习总结第一周训练内容

如果这周前面六天的训练内容实践者已经按部就班完成，

那么请利用第七天的时间进行全面总结。不明白的地方，特别是本周第六天的内容没有图示，可以与我们沟通解决，联系方式见最后一周最后一天的内容。如果前六天的训练内容您还没有完成，请利用第七天的时间补课，同时也要对本周所学所练总结一下。

特别建议：把每周的训练总结写下来，这样可以随着训练时间的推进，比照训练效果，感知自己的进步。

第二周 基本身法

由脊柱统领的颈与躯干是人体重要的组成部分,相对于四肢而言,其对生命的存在所起的作用更具决定性。对于身体动作而言,这部分联系上下肢体,是人体运动过程中不可忽视的内在的关键与枢纽。

对于人体躯干的训练,更多的武术门派常用前、后下腰与左、右涮腰的形式对腰身进行强化。这种训练方法对躯干并没有做到彻底"全面"训练,其着重点只在于"腰"这一个部位;另外,这些常见的腰部训练方式、方法的难度与强度及安全系数决定了其不适合于大多数中老年人。

本周本教程的身法训练则是针对整个脊柱一线全面训练进行的专门设计。实践者通过循序渐进的练习,上至颈椎、下到尾骨整个脊柱的33块椎骨都能得到有效锻炼。同时,身法训练的难度系数小、安全性能高且易于操作。通常来说,实践者用一周时间按部就班练习,足以大体掌握。

需要说明的是,身法运动始练,难免会出现动作僵硬、腰酸背痛诸多不适。随着练习的不断深入,这些感觉会逐渐消失,取而代之的是越练越舒服。从量变到质变需要时间的积累,所以请大家循序渐进地坚持练习下去,这样才能取得良好的锻炼效果。

第一天　六面凹凸练脊柱

（一）学习内容

脊柱一线的六面凹凸练习。

（二）训练目的

通过学练，初步体验脊柱一线的前后、左右、上下直线运动，为后面深入的身法训练做铺垫。

（三）课程讲解

所谓脊柱的六面凹凸训练，就是指实践者自我通过躯干前后凹凸、左右凹凸、上下提沉的运动形式对脊柱进行初步锻炼。

我们提倡用游标样板法进行身法训练，以确保练习效果。

1. 躯干前后凹凸运动

实践者取横步站立，或是端坐于适当高度的凳子上。右手做游标，右前臂轻轻贴于右胸，右手呈立掌，掌根轻贴于胸前，拇指向上，其余四指向前；左手做样板，左臂悬置于左胸前，左手呈立掌，拇指向上，其余四指向前，掌心与右手中指梢节轻触（图 2-1-1）。

　　保持臀部与肩关节相对静止不动。向前慢慢挺胸，后背向里凹进，尽量使得右手沿着左手手掌的前后纵线向前移动，即需要大幅度向前凸胸；当躯干前凸后凹至极限时，随即向后做含胸动作，尽量使得右手沿着左手手掌的前后纵线向后移动，即需要大幅度向后凸背；当躯干后凸前凹至极限时，反向做向前的凸胸。如此躯干在前后纵线上做连续不断的凹凸往复运动（图 2-1-2、图 2-1-3）。

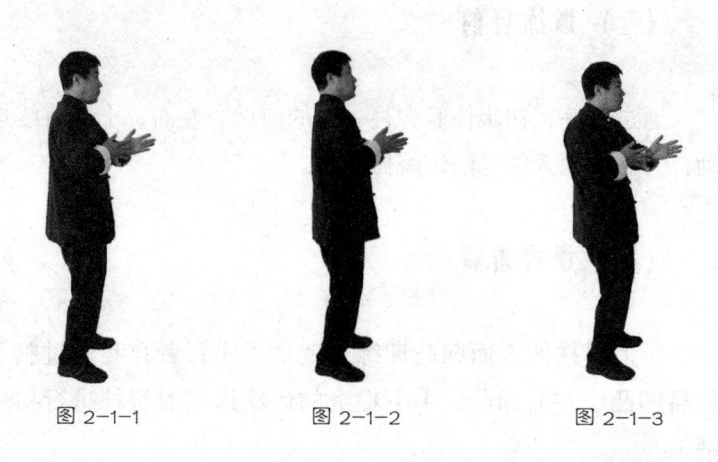

图 2-1-1　　　　　图 2-1-2　　　　　图 2-1-3

2. 躯干左右凹凸运动

　　实践者取横步站立，或是端坐于适当高度的凳子上。右手做游标，右前臂轻轻贴于右胸，右手呈立掌，掌根轻贴于胸前，拇指向上，其余四指向前；左手做样板，左臂悬置于左胸前，手掌与前臂水平放置，掌心向内，掌根与右手中指轻触（图 2-1-4）。

保持臀部与肩关节相对静止不动。躯干向左慢慢凸出，左肋向左移动，右肋向里凹进，尽量使得右手沿着左手掌及左前臂内侧的左右横线向左移动，即需要大幅度向左凸肋；当躯干左凸右凹至极限时，做反向的躯干右凸左凹运动，尽量使得右手沿着左手掌及左前臂内侧的左右横线向右移动，即需要大幅度向右凸肋。如此躯干在左右横线上做连续不断的凹凸往复运动（图2-1-5、图2-1-6）。

图2-1-4 　　　　　图2-1-5 　　　　　图2-1-6

3. 躯干上下提沉运动

实践者取横步站立，或是端坐于适当高度的凳子上。右手做游标，右前臂轻轻贴于右胸，右手呈立掌，掌根轻贴于胸前，拇指向上，其余四指向前；左手做样板，左臂悬置于左胸前，左手呈立掌，拇指向上，其余四指向前，掌心与右手中指轻触（图2-1-7）。

保持臀部与肩关节相对放松。躯干向上慢慢拔伸，尽量使得右手沿着左手掌的垂直纵线向上移动，即需在竖直纵线上大幅度地提展脊柱；当躯干向上运动至极限时，做反向的躯干向下的收缩，尽量使得右手沿着左手掌的垂直纵线向下移动，即需竖直纵线上大幅度地沉收脊柱。如此躯干在垂直纵线上做连续不断的上下往复运动（图2-1-8、图2-1-9）。

图 2-1-7　　　　　图 2-1-8　　　　　图 2-1-9

4. 动作要点

(1) 在进行身法训练时，实践者要尽可能只用躯干做动作，即锻炼的部位是脊柱一线而非其他肢体。管住肩与髋是对其最基本的要求。初学者以坐姿练习身法运动为宜，这样做的目的是限制臀部的运动。另外在做身法运动时，双肩要自然放松，也需要尽可能保持相对静止。如果实践者一开始就采用站立姿势进行练习，为了限制臀部跟随躯干的同动，我们建议大家稍稍提起后脚跟，来限制臀部运动。

(2) 做身法运动时需做对称练习，即做游标与样板的双手要互换。不能只做左手做样板、右手做游标的身法练习，而不做右手做样板、左手做游标的身法练习。

(3) 练习过程中，实践者的游标手应该与躯干合二为一，即躯干运动形式与游标手运动一致；另外，作为样板的手臂则需与躯干运动保持相对脱离，而不能随着躯干的运动而动。

(4) 除了用自己手臂做样板外，也可以用外物做参照。比如水平的桌面和垂直的墙面、门面都可做样板，只不过在形式上没有用自己手做样板方便。但是用外物做样板进行身法练习免去了实践者用自己手做样板时不自觉的同动，这样能够快速提高训练效果。

(5) 本书所涉及的相关身法训练，要点一致，后面的身法训练课程中不再重复,特此声明。

(四) 训练安排

(1) 参照文字讲解学习本课训练内容约 10 分钟。

(2) 前后凹凸练习:左手为样板右手为游标 2 分钟;右手为样板左手为游标 2 分钟。左右凹凸运动:左手为样板右手为游标 2 分钟;右手为样板左手为游标 2 分钟。上下伸缩运动:左手为样板右手为游标 2 分钟;右手为样板左手为游标 2 分钟。中间可以休息 1~2 分钟。

(3) 复习一下第一周的手法运动,10 分钟左右。

(4) 前后凹凸练习:左手为样板右手为游标 1 分钟;右手为样板左手为游标 1 分钟。左右凹凸运动:左手为样板右手为游标 1 分钟;右手为样板左手为游标 1 分钟。上下伸缩运动:左手为样板右手为游标 1 分钟;右手为样板左手为游标 1 分钟。

(5) 三圆桩练习 5 分钟,最后以收功的形式结束整个训练。

(五) 学练总结

实践者自己来完成。

第二天 纵立圆摇身

(一) 学习内容

身法的纵立圆轨迹运动。

（二）训练目的

通过本课的学练，实践者初步掌握躯干沿前后立圆轨迹的运动技能。

（三）课程讲解

承接本周第一天课程中身法运动的前后凹凸运动与上下伸缩运动两项内容，纵立圆摇身是将二者无缝联络衔接起来，这样使得脊椎一线在整个矢状面做全方位上下前后的有序运动。

（1）实践者取横步站立，或是端坐于适当高度的凳子上。右手做游标，右前臂轻轻贴于右胸，右手呈立掌，掌根轻贴于胸前，拇指向上，其余四指向前；左手做样板，左臂悬置于左胸前，左手呈立掌，拇指向上，其余四指向前，掌心与右手中指轻触（图 2-2-1）。

（2）保持臀部与肩关节相对静止不动。躯干首先做向上的拔伸运动至最大极限，然后做前凸后凹的运动到最大极限，接着躯干做向下的收缩运动至最大极限，而后做后凸前凹的运动至最大极限，最后躯干再次向上拔伸至极限。如此重复上述向前、向下、向后、向上的前立圆轨迹的身法（图2-2-2～图 2-2-6）。与之相对应，游标手在样板手手掌上做前立圆运动。当然，实践者也可以游标与样板左右手互换

图 2-2-1

进行练习（图 2-2-7）。

图 2-2-2　　　　　图 2-2-3　　　　　图 2-2-4

图 2-2-5　　　　　图 2-2-6　　　　　图 2-2-7

（3）躯干在矢状面除了可以做前立圆轨迹身法运动外，还可以做向后、向下、向前、向上的后立圆运动。与之相对应，游标手在样板手手掌上做后立圆运动。

（四）训练安排

（1）参照文字讲解学习本课训练内容约 5 分钟。

45

(2) 复习本周第一天课程约 10 分钟。

(3) 复习第一周的手法运动 10 分钟左右。

(4) 左手为样板、右手为游标前立圆摇身 2 分钟，右手为样板、左手为游标前立圆摇身 2 分钟；左手为样板、右手为游标后立圆摇身 2 分钟，右手为样板、左手为游标后立圆摇身 2 分钟。

(4) 三圆桩练习 5 分钟，最后以收功的形式结束整个训练。

（五）学练总结

实践者自己来完成。

第三天　平圆摇身

（一）学习内容

身法的平圆轨迹运动。

（二）训练目的

通过本课的学练，实践者初步掌握躯干沿平圆轨迹的运动技能。

（三）课程讲解

承接本周第一天课程中身法运动的前后凹凸运动与左右凹

凸运动两项内容，平圆摇身是将二者无缝联络衔接起来，这样使得脊椎一线在整个水平面做全方位即前后左右的有序运动。

（1）实践者取横步站立，或是端坐于适当高度的凳子上。右手做游标，右前臂轻轻贴于右胸，右手拇指鱼际处轻贴于胸前，五指平展，手心水平向下；左手做样板，左臂悬置于左胸前，五指平展，手心水平向上，掌心与右手中指轻触（图2-3-1）。

（2）保持臀部与肩关节相对静止不动。躯干首先做左凸右凹运动至最大极限，然后做前凸后凹运动到最大极限，接着躯干做右凸左凹运动至最大极限，而后做后凸前凹运动至最大极限，最后躯干再做左凸右凹运动至最大极限。如此重复上述向前、向右、向后、向左的右平圆轨迹的身法（图2-3-2～图2-3-6）。与之相对应，游标手在样板手手掌上做右平圆运动。当然，实践者也可以游标与样板左右手互换进行练习（图2-3-7）。

图 2-3-1

图 2-3-2 　　　　图 2-3-3 　　　　图 2-3-4

47

图 2-3-5 　　　　　图 2-3-6 　　　　　图 2-3-7

躯干在水平面除了可以做右平圆轨迹身法运动外，还可以做向后、向右、向前、向左的左平圆运动。与之相对应，游标手在样板手手掌上做左平圆运动。

（四）训练安排

(1) 参照文字讲解学习本课训练内容约 5 分钟。

(2) 复习本周第一天课程约 10 分钟。

(3) 复习本周第二天课程约 10 分钟。

(4) 左手为样板、右手为游标右平圆摇身 2 分钟，右手为样板、左手为游标右平圆摇身 2 分钟；左手为样板、右手为游标左平圆摇身 2 分钟，右手为样板、左手为游标左平圆摇身 2 分钟。

(5) 三圆桩练习 5 分钟，最后以收功的形式结束整个训练。

（五）学练总结

实践者自己来完成。

第四天　横立圆摇身

（一）学习内容

身法的横立圆轨迹运动。

（二）训练目的

通过本课的学练，实践者初步掌握躯干沿横立圆轨迹的运动技能。

（三）课程讲解

承接本周第一天课程中身法运动的上下伸缩运动与左右凹凸运动两项内容，平圆摇身是将二者无缝联络衔接起来，这样使得脊椎一线在整个水平面做全方位即上下左右的有序运动。

（1）实践者取横步站立，或是端坐于适当高度的凳子上。右手做游标，右前臂轻轻贴于右胸，右手呈立掌，掌根轻贴于胸前，拇指向上，其余四指向前；左手做样板，左臂悬置于左胸前，手掌与前臂水平放置，掌心向内，掌心与右手中指轻触（图2-4-1）。

图 2-4-1

(2) 保持臀部与肩关节相对静止不动。躯干首先做左凸右凹运动至最大极限，然后做向上拔伸运动到最大极限，接着躯干做右凸左凹运动至最大极限，而后做向下的收缩运动至最大极限，最后躯干再做左凸右凹运动至最小极限。如此重复上述向上、向右、向下、向左的右立圆轨迹的身法（图2-4-2～图2-4-6）所示。与之相对应，游标手在样板手手掌上做右立圆运动。当然，实践者也可以游标与样板左右手互换进行练习（图2-4-7）。

图2-4-2　　　　图2-4-3　　　　图2-4-4

图2-4-5　　　　图2-4-6　　　　图2-4-7

躯干在水平面除了可以做右立圆轨迹身法运动外，还可以做向下、向右、向上、向左的左立圆运动。与之相对应，游标手在样板手手掌上做左立圆运动。

(四) 训练安排

(1) 参照文字讲解学习本课训练内容约 5 分钟。
(2) 复习本周前三天课程约 10 分钟。
(3) 左手为样板、右手为游标右立圆摇身 2 分钟，右手为样板、左手为游标右立圆摇身 2 分钟；左手为样板、右手为游标左立圆摇身 2 分钟，右手为样板、左手为游标左立圆摇身 2 分钟。
(4) 三圆桩练习 5 分钟，最后以收功的形式结束整个训练。

(五) 学练总结

实践者自己来完成。

第五天 斜圆摇身

(一) 学习内容

身法的斜圆轨迹运动。

(二) 训练目的

通过本课的学练，实践者主要掌握躯干沿对位肩髋所在斜圆轨迹的运动技能。

（三）课程讲解

本节课程实际上是前四天课程内容的进一步深化，即平圆摇身与立圆摇身的"斜置"练习。

（1）实践者取横步站立，或是端坐于适当高度的凳子上。右手做游标，右前臂轻轻贴于右胸，右手掌展平轻贴于胸前，掌心斜向左上方，使得整个手掌平面处于左髋右肩的连线上；左手做样板，左臂悬置于左胸前，左手掌心向右上，双掌相互平行，掌心相对（图2-5-1）。

图 2-5-1

（2）保持臀部与肩关节相对静止不动。躯干沿左髋右肩所在的斜圆做前摇身。与之相对应，游标手在样板手手掌上做前右上左下斜圆运动（图2-5-2～图2-5-6）。当然，实践者也可以游标与样板左右手互换进行练习（图2-5-7）。

图 2-5-2 　　　　图 2-5-3 　　　　图 2-5-4

图 2-5-5　　　　　图 2-5-6　　　　　图 2-5-7

躯干也可沿左髋右肩所在的斜圆做后摇身。与之相对应，游标手在样板手手掌上做后右上左下斜圆运动。

同样的方法，实践者可以做类似的前后左上右下斜圆摇身。

（四）训练安排

（1）参照文字讲解学习本课训练内容约 5 分钟。

（2）复习本周前四天课程约 15 分钟。

（3）左手为样板、右手为游标前后右上左下斜圆摇身各 2 分钟，右手为样板、左手为游标前后右上左下斜圆摇身各 2 分钟；左手为样板、右手为游标前后左上右下斜圆摇身各 2 分钟，右手为样板、左手为游标前后左上右下斜圆摇身各 2 分钟。

（4）三圆桩练习 5 分钟，最后以收功的形式结束整个训练。

（五）学练总结

实践者自己来完成。

53

第六天　螺旋摇身

（一）学习内容

身法的上下螺旋运动。

（二）训练目的

通过本课的学练，实践者主要掌握躯干做上下起伏的平圆轨迹的运动技能。

（三）课程讲解

本节课程是躯干上提下沉运动与摇身的合一动作，即躯干一边做平圆摇身，一边做上提下沉运动。

（1）实践者取横步站立，或是端坐于适当高度的凳子上。右手做游标，右前臂轻轻贴于右胸，右手掌展平轻贴于胸前，掌心向下，掌指向前；左手做样板，左臂悬置于左胸前，左手五指分开掌心向内，右手掌食指位于左手中指与无名指间（图 2-6-1）。

图 2-6-1

（2）保持臀部与肩关节相对静止放松。躯干做左平圆运动时边摇身边下沉，这时可见躯干每次左凸时，游标手由上向下依次穿过样板手手指间隙（图 2-6-2～图 2-6-5）。

（3）当然，躯干也可以做左平圆运动时边摇身边上提，这时可见躯干每次左凸时，游标手由下向上依次穿过样板手手指间隙（图 2-6-6～图 2-6-10）。

同样的方法，实践者可用右手为样板、左手为游标做类似的右平圆上下螺旋运动。

图 2-6-2　　　　　图 2-6-3　　　　　图 2-6-4

图 2-6-5　　　　　图 2-6-6　　　　　图 2-6-7

图 2-6-8　　　　　　图 2-6-9　　　　　　图 2-6-10

（四）训练安排

(1) 参照文字讲解学习本课训练内容约 5 分钟。

(2) 复习本周前五天课程约 15 分钟。

(3) 左平圆上下螺旋运动 5 分钟；右平圆上下螺旋运动 5 分钟。

(4) 三圆桩练习 5 分钟，最后以收功的形式结束整个训练。

（五）学练总结

实践者自己来完成。

第七天　复习总结第二周训练内容

复习本周训练内容，其要求与第一周第七天要求相同。

第三周 基本腿法

千里之行，始于足下。下肢一线除了支撑人体完成直立行走的作用外，其在拳学运动中更具不可或缺的重要性能。太极拳论有"其根在脚，发于腿，主宰于腰，形于手指"之说，由此可以看出腿脚功夫仍是太极拳根基所在。

传统武术对下肢一线的筑基多采用踢腿、压腿、啃靴、下叉诸多类似形式。这些常见的传统训练方法，确实能够提高下肢的柔韧性与灵活性。然而其弊处也是显而易见的，即训练起来痛苦异常，而且容易出现损伤；另外传统练腿功法，见效迟上身慢，退功却快得出奇，正所谓"一天坚持一天功，一日不练十日空"。

本周的基本腿法训练是用下肢画圆的形式进行腿功培养，换句话说就是用脚来复述手法轨迹训练。其拳学上的意义与手法轨迹相同，一是强化、提高下肢的运动机能与素质，二是谙熟下肢攻防的基本动作模式。

下肢画圆的基本腿法练习可以说是一劳多得，不但能够造就下肢一线超一流的柔韧性与灵活性，而且能使腿脚的支撑力、自制力到达一个全新的水平。与传统腿功训练比较，其更具有安全易行、高效快捷、功效持久等优势。

第一天　纵立圆之前立圆腿法训练

（一）学习内容

前立圆轨迹之腿法训练。

（二）训练目的

强化髋关节柔韧性，提高其在矢状面上的活动空间，同时强化下肢的支撑力。

（三）课程讲解

1. 动作说明

实践者横步站立，双臂屈肘，双手上抬置于下颌处（图3-1-1）；一腿屈膝上提足至支撑腿膝内侧高度（图3-1-2），然后向前、向上沿前立圆轨迹做腿法运动（图3-1-3~图3-1-6）。周而复始，不断循环。左右腿交替进行。

图 3-1-1

第三周　基本腿法

图 3-1-2　　　　　　　　图 3-1-3

图 3-1-4　　　　　图 3-1-5　　　　　图 3-1-6

2. 动作要点

（1）在训练过程中，实践者尽可能保持身体自然直立，双手尽可能保持不动，身体不得左右歪斜、弯腰驼背；不得用手臂与身体的晃动形式参与维持身体平衡。最初练习的时候，实践者可以通过双手握横木的辅助形式来维持身体的稳定，随着训练的深入，实践者逐步摆脱对横木的依赖性。

59

（2）实践者在腿法运动的时候，出脚一定首先屈膝至支承足膝关节高度处。需要指出，这是出脚做腿法运动的最低标准的高度。

（3）在腿法训练过程中，循圆而动的脚，要求其脚跟前突，脚趾回勾（图3-1-7）。

图3-1-7

（4）在腿法训练过程中，下肢画圆的速度力求均匀，整个动作平稳舒缓。髋关节发出咯嘣咯嘣的声响，属于自然现象，只要没有疼痛，不必介意。

（5）本书所涉及的相关腿法训练，要点一致，后面的腿法训练课程中不再重复，特此声明！

（四）训练安排

（1）参照文字讲解学习本课训练内容约5分钟。

（2）左腿支承右腿画前立圆18次，右腿支承左腿画前立圆18次，左右腿交替进行练习10分钟。若感觉疲惫或不适，可中间适当休息。

(3) 复习手法运动 10 分钟。

(4) 复习身法运动 10 分钟。

(5) 再进行 5 分钟的左右腿前立圆交替运动。

(6) 三圆桩练习 5 分钟，最后以收功的形式结束整个训练。

（五）学练总结

实践者自己来完成。

第二天　纵立圆之后立圆腿法训练

（一）学习内容

后立圆轨迹之腿法训练。

（二）训练目的

强化髋关节柔韧性，提高其在矢状面上的活动空间，同时强化下肢的支承力。

（三）课程讲解

实践者横步站立，双臂屈肘，双手上抬置于下颌处（图3-2-1）；一腿屈膝上提足至支承腿膝内侧高度，然后向后、向下沿后立圆轨迹做腿法运动（图 3-2-2~图 3-2-6）。周而复始，不断循环。左右腿交替进行。

图 3-2-1　　图 3-2-2　　图 3-2-3

图 3-2-4　　图 3-2-5　　图 3-2-6

（四）训练安排

（1）参照文字讲解学习本课训练内容约 5 分钟。

（2）左腿支承右腿画后立圆 18 次，右腿支承左腿画后立圆 18 次，左右腿交替进行练习 10 分钟。若感觉疲惫或不适，可中间适当休息。

(3) 复习手法运动 10 分钟。

(4) 复习身法运动 10 分钟。

(5) 再进行 5 分钟的左右腿后立圆交替运动。

(6) 三圆桩练习 5 分钟，最后以收功的形式结束整个训练。

（五）学练总结

实践者自己来完成。

第三天 横立圆腿法训练

（一）学习内容

左右立圆轨迹之腿法训练。

（二）训练目的

强化髋关节柔韧性，提高其在冠状面上的活动空间，同时强化下肢的支承力。

（三）课程讲解

实践者横步站立，双臂屈肘，双手上抬置于下颌处（图3-3-1）；左腿屈膝上提足至右腿膝内侧高度，然后向上向左沿左立圆轨迹做腿法运动（图 3-3-2~图 3-2-6）。周而复始，不断循环。另外，右腿也可以从左腿膝内侧做向上、向右的右立圆轨迹的腿法训练。左右腿交替进行。

图 3-3-1　　　　图 3-3-2　　　　图 3-3-3

图 3-3-4　　　　图 3-3-5　　　　图 3-3-6

（四）训练安排

(1) 参照文字讲解学习本课训练内容约 5 分钟。

(2) 左腿支承右腿画左右立圆各 9 次，右腿支承左腿画左右立圆各 9 次，左右腿交替进行练习 10 分钟。若感觉疲惫或不适，中间可适当休息。

(3) 复习前后立圆腿法运动 10 分钟。

(4) 复习身法运动与手法运动 10 分钟。

(5) 再进行 5 分钟的左右腿后立圆交替运动。

(6) 三圆桩练习 5 分钟，最后以收功的形式结束整个训练。

（五）学练总结

实践者自己来完成。

第四天　平圆腿法训练

（一）学习内容

左右平圆轨迹之腿法训练。

（二）训练目的

强化髋关节柔韧性，提高其在水平面上的活动空间，同时强化下肢的支承力。

（三）课程讲解

实践者横步站立，双臂屈肘，双手上抬置于下颌处（图 3-4-1）；左腿屈膝上提足至右腿膝内侧高度（图 3-4-2），接着向后展（图3-4-3），然后向左、向前沿右平圆轨迹做腿法运动（图3-4-4~图3-4-6）。周而复始，不断循环。特别指出的是，画圆的脚高度不低于支承脚的膝关节。另外，右腿也可以从左腿膝内侧做向前平展，做右平圆轨迹的腿法训练。左右腿交替进行。

图 3-4-1

图 3-4-2

图 3-4-3

图 3-4-4

图 3-4-5

图 3-4-6

（四）训练安排

（1）参照文字讲解学习本课训练内容约 5 分钟。

（2）左腿支承右腿画左右平圆各 9 次，右腿支承左腿画左右平圆各 9 次，左右腿交替进行练习 10 分钟。若感觉疲惫或不适，中间可适当休息。

（3）复习前三天的腿法运动 10 分钟。

（4）复习身法运动与手法运动 10 分钟。

（5）再进行 5 分钟的左右腿后立圆交替运动。

（6）三圆桩练习 5 分钟，最后以收功的形式结束整个训练。

（五）学练总结

实践者自己来完成。

第五天　腿法诱导训练之进退步法

（一）学习内容

通过平线诱导把腿法训练内容落实到步法与踢技上去。

（二）训练目的

掌握基本的进、退步法正确的动力定型。

（三）课程讲解

所谓的平线诱导法就是在地面上设置一条与之平行的绳线，用其来规范或者说是限制腿脚的运动路线，借以培养步法与踢技的正确动力定型。用于做诱导的绳线我们简称为平线，一般来说，平线以松紧带、橡皮筋类具有弹性的绳索为最佳选择。为了更清楚地加以显示，这里以棍替代平线。

首先设置一平线，令其高度在实践者踝关节之上即可。

实践者面对平线横步站立，脚尖与平线大约有半个自然步的距离（图3-5-1）；一腿支承身体，另一腿提膝做前立圆运动过面前的平线落于体前，要求脚跟先落地，然后逐渐过渡到全脚掌着地（图3-5-2~图3-5-6）。此为前步。

图 3-5-1

图 3-5-2 　　　　图 3-5-3 　　　　图 3-5-4

图 3-5-5　　　　　　　图 3-5-6

进步的逆向运动即退步。在训练时既可以双脚做交替前进或后退练习；也可做单脚的进退往复练习，然后再换脚进行练习。

一旦通过诱导法习惯了进退步法的运作模式，实践者就可以撤开平线，直接进行进退步的练习。

（四）训练安排

(1) 参照文字讲解学习本课训练内容约 5 分钟。
(2) 复习前四天的腿法运动 15 分钟。
(3) 进退步法训练 10 分钟。
(4) 复习身法运动与手法运动 10 分钟。
(5) 再进行 5 分钟的进退步法训练。
(6) 三圆桩练习 5 分钟，最后以收功的形式结束整个训练。

（五）学练总结

实践者自己来完成。

第六天　腿法诱导训练之前蹬

（一）学习内容

通过平线诱导把腿法训练内容落实到步法与踢技上去。

（二）训练目的

掌握前蹬脚正确的动力定型。

（三）课程讲解

首先设置一平线，令其高度不低于实践者的膝关节。

实践者面对平线横步站立，脚尖与平线大约有半个自然步的距离（图3-6-1）；一腿支承身体，另一腿提膝做前立圆运动过面前的平线，向前蹬出，然后蹬出的脚反转逆行，过平线做后立圆运动回到原位（图3-6-2~图3-6-6）。

在训练时既可以双脚做交替前蹬练习；也可做单脚的前蹬往复练习，然后再换脚进行练习。

图 3-6-1

图 3-6-2　　　　　图 3-6-3　　　　　图 3-6-4

图 3-6-5　　　　　图 3-6-6

一旦通过诱导法习惯了前蹬的运作模式，实践者就可以撤开平线，直接进行原地练习。

（四）训练安排

(1) 参照文字讲解学习本课训练内容约 5 分钟。

71

(2) 复习前五天的腿法运动 15 分钟。

(3) 前蹬技法训练 10 分钟。

(4) 复习身法运动与手法运动 10 分钟。

(5) 再进行 5 分钟的前蹬技法训练。

(6) 三圆桩练习 5 分钟，最后以收功的形式结束整个训练。

（五）学练总结

实践者自己来完成。

第七天　复习总结第三周训练内容

复习本周训练内容，其要求与第一周第七天要求相同。

周身一家

前三周教程有针对性地对上肢一线、脊柱一线与下肢一线分别进行了较为系统的训练。如此设置练习安排与程序，目的十分明显，即提升局部肢体运动的能力。换句话说就是，强化这三条肢体线使其能够在各自相对独立情况下完成相应的动作内容，而不牵扯到其他肢体或是受到其他肢体牵制。

中国传统武术讲究"手、眼、身、法、步"的协调配合。本周周身一家训练就是将前三周所训练的手、身、步与武术所固有的思想意识高度统一起来，从而复合出全局同动、局部自律的周身运动，即三盘合一。

另外，三盘合一运动作为养生功法，其强调顺应生理、符合物理、宽容心理、动作轻松、节奏平和，对于活动肢体、清理血脉、安神净脑、陶冶情操、消除疲劳都大有裨益。

相对太极拳套路而言，三盘合一运动内容短小精悍，易于掌握，是学练太极拳套路最直接的基础。

第一天　云手训练

（一）学习内容

定步云手，活步云手。

(二) 训练目的

培养实践者上下三线一体在横向竖直平面即冠状面内的协调运动能力。

(三) 课程讲解

云手是太极拳的典型动作之一，在太极拳各大流派中，均有以"云手"命名的招式技法，虽外形有所区别，但内涵却一般无二。云手在各派太极拳的套路都是反复多次出现，更有太极"母式"之称。

1. 定步云手

实践者双手自然下垂，双脚横步开立与肩同宽（图4-1-1）；右手右立圆至面门前，手心向内（图4-1-2）；接下来身体右转，左手在右手右立圆过程做左立圆，左右手同时到达身体右侧，右手在上，左手在下，右手心翻转向外，左手心向上（图4-1-3）；上动不停，右手右立圆到身体下方时，左手左立圆至面门前方，手心向内（图4-1-4）；身体左转，左手左立圆，右手右立圆，左右手同时到达身体左侧，左手在上，右手在下，左手心翻转向外，右手心向上（图4-1-5）。如此无限循环，左手左立圆、右手右立圆交错往复运动。

图 4-1-1

第四周　周身一家

图 4-1-2

图 4-1-3

图 4-1-4

图 4-1-5

定步云手训练旨在提升身、手左右横向运动的协调能力。双手运动本质是左手左立圆、右手右立圆，二者相差半个圆的运动时差，交错循环运行。身法在这里并不复杂，是左右平转，眼神随身而动，始终落在上盘手上。

2. 活步云手

在定步云手的基础上，把左右移动的步法加进去就是活步云手。活步云手分左、右移动两种形式。

（1）向左的侧行云手：当双手行至身体右侧时，左脚向左横开一脚宽的距离；当双手行至身体左侧时，右脚向左跟进，保持双脚原有的距离。整体动作如图 4-1-6~图 4-1-10 所示。

（2）向右的侧行云手：当双手行至身体左侧时，右脚向右横开一脚宽的距离；当双手行至身体右侧时，左脚向右跟进，保持双脚原有的距离。整体动作如图 4-1-11~图 4-1-15 所示。

图 4-1-6

图 4-1-7

图 4-1-8

图 4-1-9

图 4-1-10

第四周　周身一家

图 4-1-11 　　　　图 4-1-12 　　　　图 4-1-13

图 4-1-14 　　　　图 4-1-15

3. 动作要点

（1）始终保持身体中正不偏。头正颈直，含胸拔背，沉肩坠肘，松腰敛臀。

（2）以腰为轴，整合上下肢体运动。

（3）分清虚实，行步要轻灵。

（四）训练安排

(1) 参照文字讲解学习本课训练内容约 5 分钟。

(2) 本节课程内容练习 15 分钟。

(3) 复习手法运动 10 分钟。

(4) 复习身法运动 10 分钟。

(5) 三圆桩练习 5 分钟，最后以收功的形式结束整个训练。

（五）学练总结

实践者自己来完成。

第二天　斜飞训练之原地斜飞

（一）学习内容

最基础的斜飞——原地斜飞。

（二）训练目的

培养实践者上下三线一体在不同方向与角度上的束展运动能力。

（三）课程讲解

斜飞是一个内涵相当丰富的训练模式，其可以派生出许多具体的技法招式。为了方便接下来学习与训练，我们首先对几个后面经常提到的功架进行一下解释，希望大家能够把这些内容记住。

1. 绞翅势

左绞翅势：左手置于自身右下方、右手置于自身左上方的功架（图4-2-1）。

右绞翅势：右手置于自身左下方、左手置于自身右上方的功架（图4-2-2）。

图 4-2-1 　　　　　图 4-2-2

2. 亮翅势

左亮翅势：重心右置右臂，弯曲右挣、左臂伸展左挣的功架（图4-2-3）。

右亮翅势：重心左置左臂，弯曲左挣、右臂伸展右挣的功架（图4-2-4）。

图 4-2-3 　　　　　　图 4-2-4

3. 斜飞势

（1）左斜飞势：重心左置，左腿弯曲、左臂在自身左侧伸展，右腿伸展、右臂在自身右侧弯曲的功架（图4-2-5）。

（2）右斜飞势：重心右置，右腿弯曲、右臂在自身右侧伸展，左腿伸展、左臂在自身左侧弯曲的功架（图4-2-6）。

图 4-2-5 　　　　　　图 4-2-6

4. 原地斜飞练法

实践者右斜飞势站位（图 4-2-7）；右脚稍稍后收，同时右手下落置于左腹前，左手上抬至右肩前，呈右绞翅势（图 4-2-8）；右脚前移，同时右手向前左手向后复原到右斜飞势（图 4-2-9）。

图 4-2-7

图 4-2-8

图 4-2-9

实践者也可以从左斜飞势开始练习，然后束身成左绞翅势，最后再展身成左斜飞势，图略。

5. 动作要点

绞翅势与斜飞势是束、展的典型代表形式。从束到展有许多不同路径，同样从展到束也存在诸多路径，如此造就了招式的多样性。基于初学的原因，本节训练中采用双手沿左右上斜圆轨迹来完成束展运动。

(四) 训练安排

(1) 参照文字讲解学习本课训练内容约 5 分钟。

(2) 本节课程内容练习 15 分钟。

(3) 复习云手 5 分钟。

(4) 复习手法、身法、腿法运动 20 分钟。

(5) 三圆桩练习 5 分钟，最后以收功的形式结束整个训练。

(五) 学练总结

实践者自己来完成。

第三天 斜飞训练之亮翅斜飞

(一) 学习内容

亮翅势与斜飞势的联合。

(二) 训练目的

培养实践者上下三线一体在不同方向与角度上的束展运动能力。

（三）课程讲解

亮翅斜飞较原地斜飞复杂一些，复杂之处是在二者之间加了一个不停顿的绞翅来作为过渡。

1. 动作说明

实践者从左斜飞势开始（图 4-3-1）；双手同时右立圆，右绞翅势身体后转成左亮翅势（图 4-3-2、图 4-3-3）；双手仍按右立圆轨迹运行，同时右脚稍稍后收再至右绞翅势（图 4-3-4）；然后接原地斜飞成右斜飞势（图 4-3-5）。

图 4-3-1

图 4-3-2

图 4-3-3

图 4-3-4　　　　　　　　　图 4-3-5

实践者也可以从右斜飞势开始，然后双手左立圆，左绞翅身体后转成左亮翅，双手仍按右立圆轨迹运行，同时左脚稍稍后撤再至左绞翅，最后接原地斜飞成左斜飞势，图略。

2. 动作要点

为了能够进一步强化双手的立圆运动能力，实践者在做此中的原地斜飞时，最好以立圆的运动轨迹来完成。

（四）训练安排

（1）参照文字讲解学习本课训练内容约 5 分钟。

（2）本节课程内容练习 15 分钟。

（3）复习原地斜飞 5 分钟。

（4）复习手法、身法、腿法运动 20 分钟。

（5）三圆桩练习 5 分钟，最后以收功的形式结束整个训练。

（五）学练总结

实践者自己来完成。

第四天　斜飞训练之回头斜飞

（一）学习内容

回头斜飞（原地转身斜飞）。

（二）训练目的

培养实践者上下三线一体在不同方向与角度上的束展运动能力。

（三）课程讲解

1. 动作说明

实践者从左斜飞势开始（图4-4-1）；双手同时右立圆，右绞翅势身体后转成右斜飞势（图4-4-2、图4-4-3）；实践者再从右斜飞势开始，然后双手左立圆，左绞翅身体后转成左斜飞势（图4-4-4、图4-4-5）。

图 4-4-1　　　　图 4-4-2　　　　图 4-4-3

图 4-4-4　　　　图 4-4-5

2. 动作要点

虽然亮翅斜飞与回头斜飞的双手运动轨迹相同，都是同向的横立圆，但是二者在细节上是有区别的。相对而言，亮翅更多强调后手作用，而斜飞的着重点则在前手。

（四）训练安排

（1）参照文字讲解学习本课训练内容约 5 分钟。

（2）本节课程内容练习 15 分钟。

（3）复习亮翅斜飞 5 分钟。

（4）复习手法、身法、腿法运动 20 分钟。

（5）三圆桩练习 5 分钟，最后以收功的形式结束整个训练。

（五）学练总结

实践者自己来完成。

第五天　斜飞训练之进退斜飞

（一）学习内容

进步斜飞与退步斜飞。

（二）训练目的

培养实践者上下三线一体在不同方向与角度上的束展运动能力。

（三）课程讲解

1. 进步斜飞

实践者从左斜飞势开始（图 4-5-1）；身体左转，左手收至右肩前，右手置于左腹侧成右绞翅势（图 4-5-2）；接下来右脚向前过一步，同时右手向前、左手向后运动成右斜飞势（图 4-5-3、图 4-5-4）。此为进步斜飞，左右互换做全面训练。

图 4-5-1

图 4-5-2 　　　　图 4-5-3 　　　　图 4-5-4

2. 退步斜飞

实践者从左斜飞势开始（图 4-5-5）；左手收至左肩前，右手置于左腹侧成左绞翅势（图 4-5-6）；接下来右脚向后过一步（指的是一脚距离，不是一步距离），身体向右向后转动同时右手向前、左手向后运动成右斜飞势（图 4-5-7、图 4-5-8）。此为退步斜飞，左右互换做全面训练。

图 4-5-5

图 4-5-6

图 4-5-7

图 4-5-8

3. 动作要点

进步斜飞手臂的着力点在拇指一线，退步斜飞手臂的着力点在小指一线。

（四）训练安排

(1) 参照文字讲解学习本课训练内容约 5 分钟。

(2) 本节课程内容练习 15 分钟。

(3) 复习回头斜飞 5 分钟。

(4) 复习手法、身法、腿法运动 10 分钟。

(5) 三圆桩练习 5 分钟，最后以收功的形式结束整个训练。

（五）学练总结

实践者自己来完成。

第六天　左右蹬腿训练

（一）学习内容

立圆出腿训练。

（二）训练目的

培养实践者出腿攻击时整身协调能力。

（三）课程讲解

1. 动作说明

实践者双手自然下垂横步站立（图 4-6-1）；双手做上圆运动，至胸前交叉时手心向内，左手在外右手在内（图 4-6-2）；接下来右腿支承，左腿提膝上抬，脚面自然下垂（图 4-6-3）；然后向前 30°~45°角间方向沿立圆轨迹蹬出，与此同时，双手翻掌向外，左右分开，右臂置于身体右侧，左臂置于左腿之上，双手手腕与肩平（图 4-6-4），左腿屈膝后立圆回收，同时双手下圆回撤，最后复原。此为左蹬腿，左右互换即为右蹬腿。

图 4-6-1

图 4-6-2 　　　图 4-6-3 　　　图 4-6-4

2. 动作要点

做分腿动作时，身体不可前后左右摇摆不定，支承腿要微微屈膝，攻击腿脚尖应回勾，着力点在脚跟。

（四）训练安排

（1）参照文字讲解学习本课训练内容约 5 分钟。
（2）本节课程内容练习 15 分钟。
（3）复习进退斜飞 5 分钟。
（4）复习手法、身法、腿法运动 10 分钟。
（5）三圆桩练习 5 分钟，最后以收功的形式结束整个训练。

（五）学练总结

实践者自己来完成。

第七天　复习总结第四周训练内容

复习本周训练内容，其要求与第一周第七天要求相同。

第二阶段　简化太极拳速成

　　大众体育中，太极拳是一项普及广泛、开展持久且受到国内人士普遍喜爱的健身运动。如今凡是接触过太极拳术的人，对简化太极拳也就是二十四式太极拳这一套路都或多或少有所接触或了解。

　　1954年，国家体育运动委员会对武术工作提出"挖掘、整理、研究、提高"方针，成立了武术研究室，从太极拳着手，统一编写教材推广武术运动。为此，邀请吴图南、陈发科、李天骥、唐豪等专家，以太极拳各流派的典型动作组建了"精简太极拳"，但因不够简明，推广出现问题停滞下来。

　　1955年后，由国家体委武术科（后改武术处）毛伯浩、李天骥、唐豪、李经梧等领导和专家，改用以流传面和适应性最广的杨式太极拳为基础，本着简练明确、易学易懂原则，选择主要内容招式，删去重复和复杂的动作，由易到难，重新编排。并适当增加部分主要拳式的左右对称动作，保留太极拳的传统风格，突出太极拳的健身性和群众性。经多次研讨，至1956年基本形成了比较符合设想的方案。最后，由李天骥先生执笔主编了国家体委普及武术的第一套规范教材《简化太极拳》，并拍摄了由李经梧先生示范的电影教科片，在全国范围内进行推广。这套拳共分八组，包括起势、收势在内二十四个动作,故又称二十四式太极拳。

据有关人员保守的调查统计,自国家推广二十四式太极拳伊始,时至今日已经有一百多个国家和地区的十几亿人学练过,远远超过任何一个拳派,受众数量不是一般的多!

对于二十四式太极拳的教学,大多是以传统的形式、现代语言描述肢体的运动,加之学练者多为零起步人员,所以授拳效果可能不尽如人意。比较而言,本教程的实践者,由于有了前面的三线独立训练与三线合一训练的基础,此时学习套路相对容易许多。

对于二十四式太极拳的学练,本教程采用化整为零的形式对八组动作进行分段教学,最后串联起来形成完整的套路。

初学太极拳套路,实践者不宜贪多求快、草率从事。如果过于追求进度,就极容易造成动作定型的错误,纠正起来就有困难了。错误的姿势不但对身体健康无益,对拳艺进一步提高同样是大敌。因此,初学者应该从基础动作学起,从单个动作一招一势地认真学。

二十四式简化太极拳中的一些动作,如左右野马分鬃、左右搂膝拗步、倒卷肱、左右揽雀尾、云手、左右下势独立、左右穿梭,均可提取出来单独练习。逐一练习这些单式,不但便于"动力定型",而且有助于专心体会动作细节。这些单式动作是套路的核心,练好了就等于构筑好了套路骨架。从健身效果看,单势重复同样能达到预期效果,单式动作同样涵盖了完整套路的要领和作用。因此,初学者要耐心,做到学会一式、掌握一式。单式动作练习还有一个优势因素,即不受时间、场地的约束,无论室内、室外、时间长短,少则左右重复三五遍,多则数十遍,总能随心所欲,正所谓"拳打卧牛之地"。把这些单式动作练纯熟以后,就可以把它们串联起来演练完整的套路了。

拳架学练

第一天　基础再补遗

(一) 学习内容

对简化太极拳中出现的手型、步型与步法做细致讲解。

(二) 训练目的

为正式学习简化太极拳套路做最后的铺垫。

(三) 课程讲解

在前面一个月的训练里，我们对肢体运动进行拆分与组合练习。对于肢体运动的规律实践者应该有所感知。对于原理或规律，多用概括性语言来陈述。如果要把这些原理落实到实际项目当中去则需要有的放矢，换句话说就是在细节上要具体问题具体分析、具体对待。针对简化太极拳的学练，我们在这节课中将对其涉及的在前面训练中又没具体说明或是着重说明的特定手型、步型与步法等基础技术进行讲解。

1. 手型

手型是指手掌的形式状态。太极拳有三种主要手型即拳、掌、勾。现代太极拳的手型以掌为主，拳、勾为辅。

（1）拳：四指自然卷屈，拇指扣于食指、中指第二指节上。拳面齐平，不可僵硬。（图 5-1-1）

（2）掌：五指自然伸直、分开，掌心含空，虎口撑圆。（图 5-1-2）

（3）勾：即勾手。屈腕，五指自然内合，指尖捏拢下垂。（图 5-1-3）

图 5-1-1 　　　　图 5-1-2 　　　　图 5-1-3

2. 步型

第一周训练当中，我们把步型分成了三大类，即横步、纵步与斜步。这里再对具体步型进行解说。

（1）弓步："弓步"俗称"弓箭步"，是以前腿弯屈如弓、后退挺直似箭而得名，属于纵步范畴。双脚前后开立大于一自然步，前腿屈膝，膝关节不超出脚尖；后腿自然伸直，脚尖斜向前 30°~45°，两脚横向距离为 10~30 厘米。（图 5-1-4）

（2）虚步：后腿屈蹲身体下坐，尾闾与脚跟上下相对，

脚尖斜向前方，全脚掌着地；前腿弯曲，用脚跟或脚尖着地。（图 5-1-5、图 5-1-6）

图 5-1-4

图 5-1-5

图 5-1-6

（3）仆步：一腿屈腿全蹲，膝与脚尖稍外撇；另一腿平仆自然伸直接近地面。双脚全脚掌着地内扣，前仆腿的脚尖与后蹲腿的脚跟位于一条直线两侧。（图 5-1-7）

（4）独立步：一腿自然直立支撑身体平衡；另一腿屈膝上提，高于腰际即可，脚尖垂直向下。（图 5-1-8）

虚步、仆步与独立步都属于纵步的变形。

图 5-1-7

图 5-1-8

3. 步法

步法在前面章节已经提及部分内容，这里再做专门的汇总与补充。

(1) 进退步法：见第三周第五天训练内容。

(2) 左右侧行步法：见第四周第一天训练内容。

(3) 跟步：即后脚向前跟进半步。（图 5-1-9、图 5-1-10）

图 5-1-9

图 5-1-10

(4) 碾转步：以脚跟为轴，脚尖外展或内扣；以前脚掌为轴，脚跟外展或内扣。（图 5-1-11~图 5-1-14）

图 5-1-11

图 5-1-12

图 5-1-13　　　　　　　　图 5-1-14

4. 身体各部位姿势动作要求

（1）头正颈坚，虚领顶劲。

（2）松肩垂肘，活腕灵手。

（3）宽胸拔背，收腹实腰。

（4）敛臀圆裆，尾闾端正。

（5）屈膝松胯，行步如猫。

（四）训 练 安 排

（1）参照文字教程，学习本课训练内容约 10 分钟。

（2）对本课内容进行练习，其中步型以站桩形式体会，手型、步型与步法训练时间共计 15 分钟。

（3）复习自己感觉不足的前面章节内容 10 分钟。

（4）再进行 5 分钟的本课内容训练。

（5）三圆桩练习 5 分钟，最后以收功的形式结束整个训练。

（五）学练总结

实践者自己来完成。

第二天　第一组训练

（一）学习内容

对简化太极拳八组动作中的第一组进行学练。

（二）训练目的

掌握套路中的起势、野马分鬃、白鹤亮翅动作。

（三）课程讲解

简化太极拳的第一组动作包括起势、野马分鬃和白鹤亮翅，下面我们来具体学练。

1. 起势

实践者双手下垂并步自然站立；左脚向左横步开立，点起点落；两手沿后立圆轨迹自然上抬至肩高，手心向下；上动不停，沿后立圆动作按掌至腹前，与此同时，双腿屈膝沉身，如坐一高凳，肘与膝相合；眼平视前方。整个动作过程如图 5-2-1~图 5-2-4 所示。

图 5-2-1

图 5-2-2

图 5-2-3

图 5-2-4

动作要点：

(1) 沉身时注意保持立身中正，不可臀部后突。

(2) 沉身与双手下按应同时到位。

2. 野马分鬃（三个动作）

接上式，上体微微右转，重心移到右腿，收左脚于右脚内侧，脚前掌着地，同时双手左立圆，在右胸前成抱球状，眼视右手；上体微微左转，向左前方出左脚，左脚跟着地；右脚跟蹬地，右腿自然伸直，成左弓步，与此同时，双手左斜飞，眼看左手。此为左野马分鬃。（图 5-2-5、图 5-2-6）

右腿屈膝身体后坐，左脚尖翘起外展 45°；重心前移，左脚踏实，右脚向前跟进至左脚内侧，脚前掌着地，同时双手右立圆，在左胸前成抱球状，眼视左手；上体微微右转，向右前方出右脚，右脚跟着地；左脚跟蹬地，左腿自然伸直，成右弓步，与此同时，双手右斜飞，眼看右手。此为右野马分鬃。（图5-2-7~图5-2-10）

图5-2-5　　　　　图5-2-6　　　　　图5-2-7

图5-2-8　　　　　图5-2-9　　　　　图5-2-10

左腿屈膝身体后坐，右脚尖翘起外碾45°；重心前移，右脚踏实，左脚向前跟进至右脚内侧，脚前掌着地，同时双手左立圆，在右胸前成抱球状，眼视右手；上体微微左转，向左前方出左脚，左脚跟着地；右脚跟蹬地，右腿自然伸直，成左弓步，与此同时，双手左斜飞，眼看左手（图 5-2-11~图 5-2-14）。这是第三个野马分鬃。

图 5-2-11

图 5-2-12 　　图 5-2-13 　　图 5-2-14

动作要点：
（1）双手抱球时，上面的手腕与肩平，下面的手与腹齐。
（2）弓步时两脚间距大约 10 厘米。

3. 白鹤亮翅

接上式，右脚跟进半步，脚前掌着地，同时双手右立圆，在左胸前成抱球状；右脚掌踏实重心其上，身体后坐先右转身

再左转身，同时双手做斜飞亮翅势；动作到位时，左脚稍向前移，成左虚步。（图 5-2-15~图 5-2-17）

图 5-2-15 　　　　图 5-2-16 　　　　图 5-2-17

动作要点：

（1）做斜飞亮翅时，身体右转时做右绞翅，身体左转时做左亮翅。

（2）动作定型时，身体仍需保持中正。

（四）训练安排

（1）参照文字教程，学习本课训练内容约 10 分钟。

（2）练习本课内容 10 分钟。

（3）复习上一节课的内容 5 分钟。

（4）再练习本课内容 5 分钟。

（5）三圆桩练习 5 分钟，最后以收功的形式结束整个训练。

（五）学练总结

实践者自己来完成。

第三天　第二组训练

（一）学习内容

对简化太极拳八组动作中的第二组进行学练。

（二）训练目的

掌握套路中的左右搂膝拗步、手挥琵琶、左右倒卷肱动作。

（三）课程讲解

简化太极拳的第二组动作包括搂膝拗步、手挥琵琶和倒卷肱，下面看具体教学。

4. 搂膝拗步（两个动作）

接上式，实践者身体右转，右手左立圆，左手右立圆，置右手于右肩外高与耳齐手心斜向上，左手落于右胸前手心斜向下，同时收左脚于右脚内侧，脚前掌着地；身体左转向前，左手做左前下斜圆至左胯侧，掌心向下指尖朝前，右手沿右平圆轨迹，过耳门向身前推出，同时向左前出左脚，成左弓步，眼看右手。整个动作过程如图5-3-1~图5-3-3所示，此为左搂膝拗步。

图5-3-1

图5-3-2

图5-3-3

接下来实践者屈右膝，身体后坐，左脚尖翘起外碾下落踏实，右脚跟进于左脚内侧，脚前脚掌着地，同时左手右立圆至左肩外侧，高与耳齐手心斜向上，右手左立圆落于左胸前手心斜向下；身体右转向前，右手做右前下斜圆至右胯侧，掌心向下指尖朝前，左手沿左平圆轨迹，过耳门向身前推出，同时向右前出右脚，成右弓步，眼看左手。整个动作过程如图5-3-4~图5-3-6所示，此为右搂膝拗步。

接下来，实践者左右互换重复上面右搂膝拗步，动作过程如图5-3-7~图5-3-9所示。

第五周　拳架学练

图 5-3-4　　　　图 5-3-5　　　　图 5-3-6

图 5-3-7　　　　图 5-3-8　　　　图 5-3-9

动作要点：

（1）搂膝手运行至腹前时尽量以平圆的形式从同位膝上拖带至体侧。

（2）前推手沿平圆路线进行中，一定要先过耳门再向前行，动作到位时，要坐腕舒掌。

（3）弓步时，两脚横向间距约 30 厘米。

107

5. 手挥琵琶

接上式，右脚跟步身后坐，同时双手右平圆运动至胸前；前脚前移膝微屈，脚跟着地，成虚步，同时双手合住稍前送，眼看左手食指。整个动作过程如图 5-3-10~图 5-2-11。

图 5-3-10 　　　　　　　图 5-3-11

动作要点：

双手相合时，右手位于左肘里侧，左掌心向右，右掌心向左。

6. 倒卷肱（四个动作）

接上式，身向右转，右手左立圆下弧行至右后方，高与肩平，手心向上，动作到位时，左手翻转掌心向上，眼光随手而动，最后目视左手；身体左转双手前立圆，右手过耳门前推手心向前，左手收至左肋外侧手心向上，同时左脚退步成右虚步，目视左手。（图 5-3-12~图 5-3-14）

右左互换重复上述动作三次，文字说明略，动作过程如图5-3-15~图 5-3-23 所示。

第五周 拳架学练

图 5-3-12

图 5-3-13

图 5-3-14

图 5-3-15

图 5-3-16

图 5-3-17

图 5-3-18

图 5-3-19

图 5-3-20

109

图 5-3-21　　　　　图 5-3-22　　　　　图 5-3-23

动作要点：

(1) 做退步时，最好往同位侧后外方移动，避免两脚落在一条直线上。

(2) 退后脚踏实的同时，前脚随转体以脚掌为轴扭正。

(3) 最后退右脚时，脚尖外撇角度稍大些，便于一个动作的启动。

（四）训练安排

(1) 参照文字教程，学习本课训练内容约 10 分钟。

(2) 练习本课内容 10 分钟。

(3) 复习上一节课的内容 5 分钟。

(4) 再练习本课内容 5 分钟。

(5) 三圆桩练习 5 分钟，最后以收功的形式结束整个训练。

（五）学练总结

实践者自己来完成。

第四天　第三组训练

（一）学习内容

对简化太极拳八组动作中的第三组进行学练。

（二）训练目的

掌握套路中的左揽雀尾和右揽雀尾动作。

（三）课程讲解

揽雀尾是杨式太极拳中最重要的招式技法，一式揽雀尾内含掤、捋、挤、按四势四劲。在原本的杨式太极拳套路中，只有左揽雀尾一面的动作。简化太极拳新增了揽雀尾右侧一面动作，使得实践者身体两面都能得到相应的对称锻炼。

7. 左揽雀尾

接上式，实践者身体右转，双手左立圆在胸前成抱球状，同时左脚收至右脚内侧，脚前脚掌着地，眼视右手；身体微左

轨迹太极——太极拳科学训练八周通

转，左腿向左前出脚，成左弓步，同时双手左斜飞，左臂着力点在小臂外侧与手背，手心向内，高与肩平，右手置于右胯旁，眼视左前臂。此谓之掤，动作如图5-4-1、图5-4-2所示。

图 5-4-1 　　　　　　　　图 5-4-2

双手右立圆下弧运动，左手稍稍前展翻转手心向下，右手置于左臂手心向上；屈右膝重心后移沉身，同时双手沿左立圆下弧向下向后向上拖带，至右手高与肩平手心向上，左手置于右胸前，掌心向内。此谓之捋，动作如图5-4-3、图5-4-4所示。

图 5-4-3 　　　　　　　　图 5-4-4

身体左转，右臂回折手搭于左腕内侧；右腿蹬直成左弓步，同时双手向前慢慢挤出，眼视左手腕。此势谓之挤，动作如图5-4-5、图5-4-6所示。

图5-4-5 　　　　　　　　图5-4-6

双手翻掌向下，前平圆至高与肩平、宽与肩同；屈右膝重心后移沉身，左脚尖上翘，同时双手后立圆收至腹前，掌心向前下方，眼平视；右腿蹬直成左弓步，同时双手沿前立圆路线向前向上按出，屈肘腕高与肩平，掌心向前，眼平视。此势谓之按，动作如图5-4-7~图5-4-9所示。

图5-4-7 　　　　　图5-4-8 　　　　　图5-4-9

8. 右揽雀尾

接上式，实践者左脚尖内扣身体右转，重心移至右腿，同时右手右平圆至身体右侧，高与肩平，掌心向外，眼视右手；重心左移收右脚于左脚内侧，前脚掌着地，双手右立圆抱球于胸前，眼视左手。（图 5-4-10、图 5-4-11）。

图 5-4-10    图 5-4-11

接下来做右揽雀尾，动作与左揽雀尾相同，唯方向相反，文字说明略，动作如图 5-4-12~图 5-4-19 所示。

图 5-4-12    图 5-4-13

图 5-4-14　　　　　图 5-4-15　　　　　图 5-4-16

图 5-4-17　　　　　图 5-4-18　　　　　图 5-4-19

动作要点：

（1）揽雀尾四势掤、捋、挤、按，除了掤是单手发力外，其他三势则全是双手同向配合运动。所以建议实践者在练习揽雀尾时，多做一些手法运动中的双手同动的辅助训练。

（2）弓步时，双脚横向间距 10 厘米左右。

（四）训练安排

(1) 参照文字教程，学习本课训练内容约 10 分钟。
(2) 练习本课内容 10 分钟。
(3) 复习上一节课的内容 5 分钟。
(4) 再练习本课内容 5 分钟。
(5) 三圆桩练习 5 分钟，最后以收功的形式结束整个训练。

（五）学练总结

实践者自己来完成。

第五天　第四组训练

（一）学习内容

对简化太极拳八组动作中的第四组进行学练。

（二）训练目的

掌握套路中的单鞭、云手和单鞭动作。

（三）课程讲解

9. 单鞭

接上式，实践者身体左转重心左移，右脚尖内扣，左手前上左斜圆，右手右立圆下弧至身体左侧，左臂平举，手心向外，右手置于左肋前，手心向内向上；上动不停，身往右转重心右移，收左脚于右脚内侧，前脚掌着地，同时右手右立圆上弧，左手左立圆下弧至身体右侧，右手成勾手臂与肩平，左手置于右肩前，手心向内，眼视左手；身体左转，向左前出左脚，成左弓步，与此同时，左手边左平圆运行边翻转向前推出，动作到位时，左手指与眼高，掌心向前，眼视左手。（图 5-5-1~图 5-5-5）

图 5-5-1

图 5-5-2

图 5-5-3

图 5-5-4　　　　　　　图 5-5-5

动作要点：

(1) 动作到位时，左膝与左肘相合，上下相对。

(2) 左手要随身体而动，边翻转边前推，动作速度匀称。

10. 云手

云手这个动作我们在前面的课程中已经有了详细讲解，这里不再重复，只把从上式单鞭过渡动作加以说明。

接上式，实践者重心右移左脚尖内扣，左手左立圆下弧至身体右侧肋前，手心向上，同时右手变掌，掌心向外，眼视左手（图 5-5-6）。

图 5-5-6

接下来向左连续做三个云手动作。(图 5-5-7~图 5-5-11)

图 5-5-7

图 5-5-8

图 5-5-9

图 5-5-10

图 5-5-11

11. 单鞭

接上式，实践者左手左立圆，右手右立圆至身体右侧，右手成勾手，左手置于右肩前（图 5-5-12）；然后再做单鞭（图 5-5-13）。

图 5-5-12

图 5-5-13

（四）训练安排

(1) 参照文字教程，学习本课训练内容约 10 分钟。

(2) 练习本课内容 10 分钟。

(3) 复习上一节课的内容 5 分钟。

(4) 再练习本课内容 5 分钟。

(5) 三圆桩练习 5 分钟，最后以收功的形式结束整个训练。

（五）学练总结

实践者自己来完成。

第六天　第五组训练

（一）学习内容

对简化太极拳八组动作中的第五组进行学练。

（二）训练目的

掌握套路中的高探马、右蹬脚、双峰贯耳和转身左蹬脚动作。

（三）课程讲解

12. 高探马

接上式，实践者右腿跟进半步，身体微微右转，左脚跟离地，同时双手翻转手心向上，眼平视；身体左转面对前方，双手前立圆，右手经耳门身前推出手心向前，左手收至腹前，掌心向上，同时左脚稍稍前移，脚尖点地，成左虚步，眼视右手。(图 5-6-1、图 5-6-2)

动作要点：
动作过程中尽量保持重心高度一致，不能忽高忽低、上下起伏。

图 5-6-1　　　　　　　　图 5-6-2

13. 右蹬脚

蹬脚动作，我们在前面也有过详细讲解，相关内容不再重复。

接上式，实践者左手左立圆上穿至右手上方，双手手背相对交叉；左脚提起向左前进步，脚尖微外展，重心前移，右脚随即跟进至其内侧，同时双手做上圆左内右外合于胸前，双手手心向外；然后提右膝，上圆分手，向右前方蹬右脚。（图 5-6-3~图 5-6-6）

图 5-6-3

图 5-6-4 　　　　　图 5-6-5 　　　　　图 5-6-6

14. 双峰贯耳

接上式，实践者右腿屈膝，左手右平圆前弧移至右手侧，两手翻转手心向上；右腿后立圆回落于体前，重心后置于左腿，同时双手前立圆收至两胯侧，手心向上；左脚蹬地，重心前移成右弓步，同时左手握拳沿右前上斜圆路线、右手握拳沿左前上斜圆路线向前上方挥出，动作到位时，两拳相对，高与耳平，拳眼斜向下，间距15厘米左右。（图 5-6-7~图 5-6-9）

图 5-6-7 　　　　　图 5-6-8 　　　　　图 5-6-9

动作要点：

贯拳时一定注意肘要下垂，而不能外张，否则会引起耸肩。

15. 转身左蹬脚

接上式，实践者身体左转重心移至左腿，右脚尖内扣，双拳变掌，左手随身体转动做左平圆至身体左侧，双掌心向前，眼看左手；重心右移，左脚收于右脚内侧，同时双手上圆左外右内合于胸前；接下来做向左前方的左蹬脚。（图 5-6-10~图 5-6-12）

图 5-6-10

图 5-6-11

图 5-6-12

（四）训练安排

(1) 参照文字教程，学习本课训练内容约 10 分钟。

(2) 练习本课内容 10 分钟。

(3) 复习上一节课的内容 5 分钟。

(4) 再练习本课内容 5 分钟。

(5) 三圆桩练习 5 分钟，最后以收功的形式结束整个训练。

（五）学练总结

实践者自己来完成。

第七天　复习总结第五周训练内容

复习本周训练内容，其要求与第一周第七天要求相同。

第六周 拳架学练（续）

沿续上一周简化太极拳套路的教学路线，本周将用前三天的课时对二十四式太极拳后三组动作进行教学，然后用第四天的课时总结一下整个套路演练，最后两天的课时则用来介绍简化太极拳中一些典型动作技法的应用。

第一天 第六组训练

（一）学习内容

对简化太极拳八组动作中的第六组进行学练。

（二）训练目的

掌握套路中的左下势独立、右下势独立动作。

（三）课程讲解

16. 左下势独立

接上式，实践者左腿回收屈膝成独立步，同时身往右转

第六周 拳架学练（续）

左手右平圆至右肩前，手心斜向后，右手成勾，眼看右手；左脚右立圆下行，右脚屈膝下蹲成左仆步，同时左手右立圆下行至左腿内侧，手心向外，眼看左手；身向左转重心前移，右脚尖内扣成左弓步，与此同时左手沿后立圆上穿至身体前方，高与肩平，手心向右，右手勾下落于身后，勾尖向后；屈右膝重心后移，左脚尖上翘；接下来左脚尖外撇重心前移，右腿前立圆提膝成左独立步，同时左手按至左胯侧五指向前，右手摆至体前，肘与膝合，手与眼平，手心向左，眼视右手。（图 6-1-1~图 6-1-5）

图 6-1-1

图 6-1-2

图 6-1-3

图 6-1-4

图 6-1-5

动作要点：

（1）做仆步时，身体不可过于前倾。

（2）做独立步时，支撑腿微屈，以提高稳定性。

17. 右下势独立

接上式，实践者右脚下落于左脚前，脚前掌着地，然后以左脚前掌为轴，脚跟内转，身体随之左转，同时左手右立圆至身侧成勾手，右手左立圆至左肩前；然后做右下势独立，动作与左下势独立相同，唯左右相反。（图6-1-6~图6-1-11）

图 6-1-6   图 6-1-7   图 6-1-8

图 6-1-9   图 6-1-10   图 6-1-11

动作要点:

右脚做仆步时,应微微提起,然后再向下仆腿。

(四) 训练安排

(1) 参照文字教程,学习本课训练内容约 10 分钟。
(2) 练习本课内容 10 分钟。
(3) 复习上一节课的内容 5 分钟。
(4) 练习起势至本课内容 6 分钟。
(5) 三圆桩练习 5 分钟,最后以收功的形式结束整个训练。

(五) 学练总结

实践者自己来完成。

第二天 第七组训练

(一) 学习内容

对简化太极拳八组动作中的第七组进行学练。

(二) 训练目的

掌握套路中的左右穿梭、海底针和闪通臂动作。

(三) 课程讲解

18. 左右穿梭

接上式，实践者身体微微左转，左脚脚尖外撇向前下落踏实，右脚跟进至左脚内侧，同时双手右立圆抱球于左胸前，眼视左手；重心置于左腿，右脚向右前进步脚跟着地，双手分开成右斜飞势；重心前移至成右弓步，同时左手上翻转掌心向外上架于右额前，左手高前推出，掌心向前，高与鼻平，眼视左手；此谓左穿梭。（图6-2-1~图6-2-4）

图 6-2-1

图 6-2-2

图 6-2-3

图 6-2-4

右脚脚尖微微外撇踏实,左脚跟进至右脚内侧,同时双手左立圆抱球于右胸前,眼视右手;接下来做右穿梭的动作,与左穿梭相同,唯左右相反。(图 6-2-5~图 6-2-8)

图 6-2-5

图 6-2-6

图 6-2-7

图 6-2-8

动作要点:

穿梭动作到位时,上架不要耸肩,前推不要探身,弓步时双脚横向间距约 30 厘米。

19. 海底针

接上式,实践者右脚向前跟进半步重心后移, 左脚脚尖点地脚跟外摆成左虚步，同时身体右转，右手前立圆下弧收至右耳侧，手心向内，左手右前下斜圆至右胸前，手心向外；身体左转，左手左前上斜圆按至左胯侧，手指向前，右手仍沿前立圆轨迹向前向下插掌，掌心向左，掌指向前下方。（图6-2-9、图6-2-10）

图6-2-9 　　　　　　　　图6-2-10

动作要点：

动作到位时，一要调整方向，使得虚步正前正后，二是调整姿势，身体不可过于前探，避免猫腰、低头与翘臀。

20. 闪通臂

接上式，实践者身往右转，左脚回收微微上提，右手后立圆收至身前侧，与肩平，手心向里，左手斜圆收至右腕下方，手心向外，眼平视；左腿向前出腿成左弓步，同时右臂翻转屈肘上撑至右额前上方，手心向外，拇指向下，左掌向前推出，高与鼻齐，手心向前，眼视左手。（图6-2-11、图6-2-12）

图 6-2-11　　　　　　　图 6-2-12

动作要点：

动作到位时，需立身中正，前推的手臂应微屈，背部肌肉舒展；弓步时两脚横向间距约 10 厘米。

（四）训练安排

(1) 参照文字教程，学习本课训练内容约 15 分钟。
(2) 练习本课内容 10 分钟。
(3) 复习上一节课的内容 5 分钟。
(4) 练习起势至本课内容 6 分钟。
(5) 三圆桩练习 5 分钟，最后以收功的形式结束整个训练。

（五）学练总结

实践者自己来完成。

第三天　第八组训练

(一) 学习内容

对简化太极拳八组动作中的最后一组进行学练。

(二) 训练目的

掌握套路中的转身搬拦捶、如封似闭、十字手和收势动作。

(三) 课程讲解

21. 转身搬拦捶

接上式，实践者重心移至右腿，身体后坐，左脚尖内扣，身体向右后转，重心再移至左腿，右脚回收至左脚内侧，同时双手右立圆，右手变拳收至左肋旁，拳心向下，左手置于头侧上方，拳心斜向下，眼视右方。此谓转身。(图 6-3-1、图 6-3-2)

身体右转，向前出右脚，脚跟着地，同时双手仍做右立圆，右拳向前翻转撇出，高与肩平，拳心向上，左掌按于左胯旁，指尖向前，眼视右拳。此谓搬。(图 6-3-3)

右脚尖外展，左脚过右脚向前进一步，同时双手右平圆，左手拦于身前，高与胸平，掌心斜向下，右拳收于右腰间，拳心向上，眼视左手。此谓拦。(图 6-3-4、图 6-3-5)

第六周　拳架学练（续）

重心前移成左弓步，同时右拳以立拳形式前立圆向前打出，左手右平圆附于右前臂内侧，眼视右拳。此谓捶。（图6-3-6）

图 6-3-1

图 6-3-2

图 6-3-3

图 6-3-4

图 6-3-5

图 6-3-6

动作要点：

搬时需有向前向下压的感觉，拦时需有向前向右的意识，捶时右肩略微前引，马步双脚横向间距约10厘米。

135

22. 如封似闭

接上式，实践者左手从右腕下向前伸出，右拳变掌，两手手心翻转向上；重心后移，身后坐，左脚尖上翘，双手后立圆至腹前；重心前移成左弓步，双手前立圆向前推出，高与肩平，眼视前方。（图 6-3-7~图 6-3-11）

图 6-3-7

图 6-3-8

图 6-3-9

图 6-3-10

图 6-3-11

动作要点：

双臂后立圆回收时，不能直接回抽，肩肘需略微外展；双手前推时，宽度不能超过肩宽。

23. 十字手

接上式，实践者重心右移，左脚尖内扣，身体右转，右手右平圆至身体右侧，双手手心向前，眼视右手；重心左移，右脚回收，两脚距离与肩等宽，慢慢蹬直，同时双手上圆至胸前，手心向内，左手内右手外，眼平视前方。（图6-3-12~图6-3-14）

图 6-3-12

图 6-3-13

图 6-3-14

动作要点：

身体直立上下转换过程中，需保持中正。

24. 收势

接上式,双手翻转掌心向下,沿下圆落到各自体侧,收左脚并右脚,目视前方,结束整个套路。(图 6-3-15、图 6-3-16)

图 6-3-15 　　　　图 6-3-16

(四) 训练安排

(1) 参照文字教程,学习本课训练内容约 15 分钟。

(2) 练习本课内容 10 分钟。

(3) 复习上一节课的内容 5 分钟。

(4) 练习起势至本课内容 6 分钟。

(5) 三圆桩练习 5 分钟,最后以收功的形式结束整个训练。

(五) 学练总结

实践者自己来完成。

第四天　套路整体训练

（一）学习内容

把简化太极拳的二十四个动作串联起来进行整个套路的练习。

（二）训练目的

掌握简化太极拳的整个套路演练技巧。

（三）课程讲解

在掌握了前面八组教学后，我们就可以把它们有机地串联起来，进行整个简化太极拳套路的练习。

在进行整体的简化太极拳演练时，实践者需要注意以下几方面：

（1）整套拳演练下来大约用时 6 分钟，在盘拳走架过程中尽量保持动作速度均匀，不能时快时慢。当然初学始练，不可能一下就能达标，实践者可以慢慢适应，逐渐调节。

（2）在行拳过程中，实践者要始终贯彻太极拳由内及外的中正原则。

（3）在行拳过程中，实践者可以配合市面流行的相关简化太极拳的音乐口令进行演练。

（4）太极拳联系的呼吸方法有自然呼吸、腹式顺呼吸、腹式逆呼吸和拳势呼吸。以上几种呼吸方法，不论采用哪一种，都应自然、匀细，徐徐吞吐，要与动作自然配合。初学者宜采用自然呼吸。

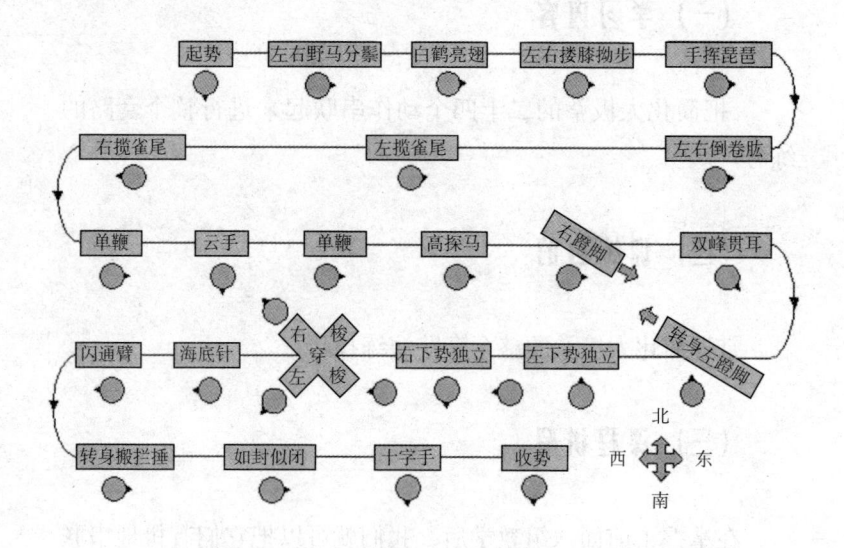

起势 → 左右野马分鬃 → 白鹤亮翅 → 左右搂膝拗步 → 手挥琵琶
右揽雀尾 ← 左揽雀尾 ← 左右倒卷肱
单鞭 → 云手 → 单鞭 → 高探马 → 右蹬脚 → 双峰贯耳
闪通臂 ← 海底针 ← 左右穿梭 → 右下势独立 → 左下势独立 → 转身左蹬脚
转身搬拦捶 → 如封似闭 → 十字手 → 收势

北 西 东 南

上图为整体二十四式太极拳套路演练路线示意图，实践者在做整体套路练习时可对照参考。

（四）训练安排

（1）参照文字教程，学习本课训练内容约 5 分钟。

（2）整体练习简化太极拳至少三遍。

（3）三圆桩练习 5 分钟，最后以收功的形式结束整个训练。

（五）学练总结

实践者自己来完成。

第五天　典型技法应用例解

（一）学习内容

简化太极拳经典招式的应用。

（二）训练目的

初步了解太极拳的防身御敌性能与功用。

（三）课程讲解

　　拳技御敌牵涉多方面内容，并非练了套路、讲了心法就能够把太极拳的攻防意识切实地贯彻到实际应用中去。本课设题"应用例解"，只是有针对性地选择典型技法，把其攻防动作非常明显地应用展示给大家，目的就是让大家感知与感受。需要说明的是，那些非常深奥的劲力在实战中的运用不是本教程的讨论内容，但是大家可以通过教程提供的应用例解去体会劲力的运动走向，以此来检验、矫正以前所学练招式的正确性。

1. 第一组选择野马分鬃

野马分鬃的大形是绞翅斜飞，本例应用为摔技。

我方以左侧前置站立与对手相峙；对手右手直拳攻击我方中上盘要害，我方身体微右转，前脚稍稍后收，双手左立圆，右手附于对手攻击前臂腕处用以格挡，左手置于右腹前；上动不停，左脚迅速进步过位于对手前脚，右手顺势抓住对手右手腕向下向后拖带，左臂从对手右腋下上穿，肩臂着力向前向左挤靠对手。（图 6-5-1~图 6-5-4）

图 6-5-1

图 6-5-2

图 6-5-3

图 6-5-4

动作要点：

（1）大形一定要到位，前脚进步一定要管住对方，尽量与对手贴近身体。

（2）发力点在前臂、在肩，发力方向是横向的向前、向左。

2. 第二组选择搂膝拗步

搂膝拗步的大形是前手左、右前下斜圆接后手前立圆，本例应用为打技。

我方以左侧前置双手上抬站立与对手相峙；对手右手直拳攻击我方中上盘要害，我方左手左前下斜圆向身体外侧拖带，同时进左步，右手前立圆攻击对手中上盘要害。（图6-5-5~图6-5-7）

图 6-5-5

图 6-5-6

图 6-5-7

动作要点：

(1) 进步、拖带与攻击应同动。

(2) 进步时尽量做到大形过位，管住对方。

3. 第三组选择揽雀尾式中的捋势

捋势大形是双手前立圆走下弧，本例应用为拿技。

我方以左侧前置双手上抬站立与对手相峙；对手右手直拳攻击我方中上盘要害，我方微微左转闪身，同时右手从对手攻击手外侧抓拿对手腕关节，左手附于对手右肘外侧；右脚退步身体后坐，同时双手前立圆下弧走行，拉直撅折对手的左肘。（图6-5-8~图6-5-10）

图6-5-8

图6-5-9

图6-5-10

动作要点：

（1）为了突出攻防效果，右脚的退步相当必要。

（2）在向后向下拖带按压对手时，双手要配合令对手攻击手臂外翻，使其肘关节向上，这样才能使得反关节技生效。

4. 第四组选择云手

云手的大形是左手左立圆，右手右立圆，两者时差180°即半个圆的时值。本例应用为拨打。

我方以左侧前置双手上抬站立与对手相峙；对手左手直拳攻击我方中上盘要害，我方左脚退步置身于对手外侧，同时左手左立圆向外拨挂对手的攻击手臂，右拳右立圆下弧线运行攻击对手的左侧腰肋。（图6-5-11~图6-5-13）

图 6-5-11

图 6-5-12

图 6-5-13

动作要点:

(1) 在运用之时,既可以采用左脚退步,也可以采用右脚进步的形式侧闪对手的进攻。

(2) 拳法攻击对手时,要合上三盘力。

(四) 训练安排

(1) 参照文字教程,学习本课训练内容约 10 分钟。

(2) 完整练习简化太极拳两遍。

(3) 三圆桩练习 5 分钟,最后以收功的形式结束整个训练。

(五) 学练总结

实践者自己来完成。

第六天 典型技法应用例解(续)

(一) 学习内容

简化太极拳经典招式的应用。

(二) 训练目的

初步了解太极拳的防身御敌性能与功用。

（三）课程讲解

5. 第五组选择蹬脚

蹬脚的大形是前立圆分腿，一般应用为踢技。我方以右侧前置双手上抬站立与对手相峙；对手右手直拳攻击我方中上盘要害，我方十字手上架，同时起右脚前立圆前分，攻击对手的中盘要害。（图 6-6-1~图 6-6-3）

图 6-6-1

图 6-6-2

图 6-6-3

动作要点：

（1）先提膝再分腿，如此能够保证前立圆蹬脚。

（2）如果双方间距较大，我方可用步法做适度调整，以期创造最佳的起腿位置。

6. 第六组选择下势独立中的独立势

独立势的大形是双手后立圆，前后时差180°，接提膝。本例应用为贴身缠斗技。

我方以左侧前置双手上抬站立与对手相峙；对手右手直拳攻击我方中上盘要害，我方用左手抓拿对手的右手腕关节向后向下拉拽，右手屈肘由对手右腋下向上穿挑，使得对手身体前倾，同时屈右膝上提攻击对手的中线要害。（图6-6-4~图6-6-6）

图 6-6-4

图 6-6-5    图 6-6-6

动作要点：

（1）左手控制对手的攻击手时，要边向内拧转边向后向下拉。

（2）下拉、上挑与提膝动作需要协调一致。

7. 第七组选择穿梭

穿梭的大形是前手左、右前上斜圆，接手前立圆。一般应用为架打。

我方以左侧前置双手上抬站立与对手相峙；对手左手直拳攻击我方中上盘要害，我方左臂上架对手来拳，同时向对手身外闪进，出右手攻击对手腋下空档，即其肋部要害。（图 6-6-7~图 6-6-9）

图 6-6-7

图 6-6-8

图 6-6-9

149

动作要点：

（1）尽可能置于对手攻击手臂外侧，以利于自身的安全。

（2）上架时，边翻转手臂边上抬。

8. 第八组选择转身搬拦捶中的拦捶组合

拦捶组合的大形是左手右平圆，接右手前立圆，典型应用为掖打。这个内容我们在推手章节还会讲解。

我方以左侧前置双手上抬站立与对手相峙；对手左手直拳攻击我方中上盘要害，我方左手右平圆向对手的身体内侧拍击来拳，同时右拳顺势前立圆攻击对手的上盘空当。（图6-6-10~图6-6-12）

图 6-6-10

图 6-6-11

图 6-6-12

动作要点：

（1）拍拦对手攻击时，尽量使手臂甚至于身体发生整体偏转，令对手处于背势。

（2）为了提高攻防的衔接紧密性，反击对手时，不要等待左手回收才开始启动，而是应该在对手攻击手发生偏移瞬间即开启见缝插针般的攻击。

（四）训练安排

（1）参照文字教程，学习本课训练内容约 10 分钟。
（2）完整练习简化太极拳两遍。
（3）三圆桩练习 5 分钟，最后以收功的形式结束整个训练。

（五）学练总结

实践者自己来完成。

第七天　复习总结第六周训练内容

复习本周训练内容，其要求与第一周第七天要求相同。

第三阶段　体验非传统推手

推手也称打手、揉手、搣手，是传统太极拳的双人徒手对抗练习，与太极拳套路是体与用的关系。练套路走拳架是练习推手的基础，只有拳架达到一定程度之后，实践者才能进行推手。推手练习是套路招式走向自由实用的桥梁。通过推手训练，才能加深对招式的理解和鉴别拳架演练的正确性。

盘走拳架练的是知己功夫，推手练的则是知人功夫。只练套路不推手是滑拳，只推手不练套路是硬拳。也就是说：练拳不推手只等于学了太极拳一半技艺，即只知己，却不知彼。只练套路不推手，是谈不上懂劲的，懂劲主要是从推手实践中体悟出来的。为此，实践者应该盘走拳架与练推手并重，如此才能相得益彰。

太极拳推手以八法五步为法，以沾、黏、连和随而不顶、不偏、不丢、不抗为练习原则，研究两人在相持的情况下的技击用力方法。通过推手练习，可以提高实践者的末梢神经及体肤的敏感性，即所谓"听劲"的灵敏度和肌体的应变能力，进而逐渐达到"人不知我，我独知人"的功夫境界。

推手练习不同于拳架套路，二者在形式上最明显的区别是推手需要有人来"配合"进行练习。但实际上，传统太极拳的推手练习难度要远远大于盘拳走架。其根源在于，推手训练既需要有心胸宽广、技艺全面的老师无私奉献，细心给后学者指导、喂劲，又需要师徒双方投入大量的时间进行练习。客观上讲，传统太极推手要取得精进"真传"，这两个先决条件缺一不可。基于此，本周的推手训练我们弃用传统太极拳的推手训练程序，用乔峰健安体系里面的非传统推手训练程序来代替，以完善本书的整体框架结构。

另外，有一个问题需要向大家交待，就是本教程把太极招式的运用提前于推手训练进行了介绍。之所以这样，是考虑到让大家及早了解太极拳的武术攻防性能之后，再通过本周的推手训练体认，会对原来所学的技法招式经实践重新获得认知。本教程做了与传统太极拳训练程序"本末倒置"式的安排，实为用意深刻。

第七周 实用推手入门

乔峰健安体系的推手训练项目内容来源于众多武术门派或训练体系，经过作者长时间研修总结、教学实践最终定形而成。当然本周的训练课程，属于初学入门级的内容。这里需要提醒大家的是初级不等于就不重要、不实用。相反，其实用性短时间内是看得到的！我们的理念是天下武术是一家——武术的内在原理相同无二，不同的只是风格与方式。吸收有用的、剔除无用的，创造适合自己的，才是个体武术发展的正念所在。

相对于传统太极拳的推手而言，我们的非传统推手具有以下特点：

（1）这个对练方法与形式具有普遍适用性、安全性，无论是传统武术，还是现代武术。

（2）健安推手项目极具高效性，短期内只要实践者认真训练，技法上身绝非镜中月、水中花，效果是看得到的。

（3）健安推手前承轨迹运动、后启技法实用。从整体训练程序来看，其既是对前面基础训练的提高与升华，又是对实战运用的引领与入门。本周训练内容当属于对抗实战的入门课程，其内容稍加变动即可付诸于实践应用。当然这种实践是招式的具体明显运用，而不是那些"神来之手"的虚空施技。

在本周里，我们套用传统太极拳的掤捋挤按四大术语，定性基本轨迹运动与技法实践，来诠释一个你想象不到的非传统的推手训练项目。

第一天　掤与捋

（一）学习内容

定义掤与捋对应的典型运动轨迹。

（二）训练目的

掌握健安体系的掤与捋动作。

（三）课程讲解

1. 掤

掤在太极拳中是一个高大上的术语，多数人理解其为膨胀、撑张之义，代表了一种特殊的由内及外的意力。掤外在的典型动作一般表现为双臂或单臂撑开，与对手来劲（肢体武器）相接洽。在第一周训练的手法运动中，与掤意相对应的是以身体中线为出发点，向身外运动的各种手法。这里我们截取前立圆 90°圆弧轨迹进行掤意的讲解，当然我们也可以拿其他圆运动轨迹进行掤意的讨论，只不过前立圆更容易使得实践者接受与模仿。

实践者双脚横步站立，双臂屈肘双手置于胸前，手心相对；从胸前启动单手或双手的前立圆运动，沿90°圆心角对应圆弧轨迹运行至与眼同高位置停止，然后直接收回到原来的胸前位置。此为右臂单手掤。（图7-1-1~图7-1-4）

图 7-1-1　　　　图 7-1-2　　　　图 7-1-3　　　　图 7-1-4

动作要点：

（1）运动过程中，体会整体的对称与平衡，特别是眼需要平视。

（2）出手时手心向内向上，意在前臂手腕手背一线，临界点时翻转向下，意在小指一侧。

（3）其他同手法、身法训练要求。

掤是太极拳劲意的总纲。在其基础上，可以派生出其他的劲意。下面我们看一下由掤而生的捋。

2. 捋

所谓捋，实践者掤起与对手相接触后，顺对手劲路，在保持掤意的前提下，单手或双手沿平圆前弧左右 90°圆心角对应圆弧轨迹运行至身体两侧，然后直接收回到原来的胸前位置。此为右臂单手捋。（图 7-1-5~图 7-1-8）

图 7-1-5　　　图 7-1-6　　　图 7-1-7　　　图 7-1-8

动作要点：

（1）运动过程中，体会整体的对称与平衡，特别是眼需要平视。

（2）在捋的过程中，实践者应该着意于手掌，特别是虎口间。

（3）其他同手法、身法训练要求。

（四）训练安排

（1）参照文字教程，学习本课训练内容约 10 分钟。

（2）练习本课内容 10 分钟。

（3）复习与本课对应的手法与身法中的圆运动 5 分钟。

（4）简化太极拳完整练习约 6 分钟。

(5) 三圆桩练习五分钟，最后以收功的形式结束整个训练。

（五）学练总结

实践者自己来完成。

第二天　挤与按

（一）学习内容

定义挤与按对应的典型运动轨迹。

（二）训练目的

掌握健安体系的挤与按动作。

（三）课程讲解

1. 挤

挤，有排挤、挤入或二者合义的意思，对应的肢体动作以手法运动中的尖端锐角进出最为常见，比如单、双手的挤和肘的挤。这里我们以单手挤做示范。实践者掤起后，掌心翻转向外，沿直线向对手的中线做垂直发力，待手臂伸直后，直接返回原位（图 7-2-1~图 7-2-5），实践者可以把其动作理解为前立圆上弧的前半段换为切线直进。

图 7-2-1

图 7-2-2

图 7-2-3

图 7-2-4

图 7-2-5

动作要点：

（1）运动过程中，体会整体的对称与平衡，特别是眼需要平视。

（2）在挤的过程中，实践者应该着意于手臂直线伸展与推进的本体感觉。

（3）其他同手法、身法训练要求。

2. 按

按，本意的方向是自上而下的，着力点在手掌，至于在掌指还是掌心、掌根，具体情况需要具体应对。按除了本意的下按，还存在两种主要的按，即前按与后按。本节课程我们只介绍前按。实践者掤起后，掌心翻转向外，然后沿着前立圆上弧的前半段做向下的直线或弧线的发力，至手臂伸展与胸齐即返回原位。此为右臂单手前按。（图 7-2-6~图 7-2-10）

图 7-2-6   图 7-2-7   图 7-2-8

图 7-2-9   图 7-2-10

动作要点：

（1）运动过程中，体会整体的对称与平衡，特别是眼需要平视。

（2）在按的过程中，实践者应该着意于手臂合起来放下去的本体感觉。

（3）其他同手法、身法训练要求。

（四）训练安排

（1）参照文字教程，学习本课训练内容约 10 分钟。

（2）练习本课内容 10 分钟。

（3）复习与本课对应的手法与身法中的圆运动 5 分钟。

（4）简化太极拳完整练习约 6 分钟。

（5）三圆桩练习 5 分钟，最后以收功的形式结束整个训练。

（五）学练总结

实践者自己来完成。

第三天　入门级推手套路训练

（一）学习内容

掌握推手初级套路的配合演练。

（二）训练目的

在推手对练中体认掤捋挤按的用途。

（三）课程讲解

在前面两节课中，我们对掤捋挤按非常初级的单人练习进行了教学讲解。本节课我们把上述四技加以编排，形成一个小巧的对练套路，让实践者实实在在地体验四技用途。这是不同于传统太极那种细雕慢琢式推手的练习，而是精简、实用、练用一体，动作直指核心是本体系最大的特点。

训练甲乙双方面对面、横步站立，间距以双方直臂前伸以手触及对方异名手的肘关节为衡量标准，然后双方屈臂收手于胸前。此为对练动作的起势。（图 7-3-1~图 7-3-2）

图 7-3-1

图 7-3-2

甲方右手做大幅度前按攻击乙方的中线，乙方起左手上掤从甲方攻击手臂内侧挡住其攻击（图 7-3-3）；接下来乙方右

第七周　实用推手入门

手沿自己左手外侧上掤于对手攻击手臂外侧，顺势化掤为捋牵引甲方的攻击手臂向其左侧带，同时右掤手翻掌向外防于身前（图7-3-4~图7-3-6）；乙方随着捋带的进程，需要把左掤手置于甲方右臂肘外侧向甲方中线做挤，捋挤配合把甲方攻击手臂掖于身体对侧，最后乙方捋手收至右耳侧（图7-3-7）；如此令甲方处于背势，乙方借机向前做大幅度按攻击甲方中线（图7-3-8）。

图 7-3-3

图 7-3-4

图 7-3-5

图 7-3-6

163

轨迹太极——太极拳科学训练八周通

图 7-3-7

图 7-3-8

甲方针对乙方的攻击，起左手掤架，然后右手捋，依次左手挤，令乙方背势后复用前按攻击乙方中线。（图 7-3-3-9~图 7-3-13）

图 7-3-9

图 7-3-10

图 7-3-11

164

图 7-3-12　　　　　　　　　　图 7-3-13

甲乙双方如此沿循"按攻——掤捋挤防"的模式做持续练习,这就是本体系最初级的推手训练形式之一。

动作要点：

(1) 甲乙双方训练过程需要相互配合,攻击方在攻击之后需要"等"防反方的动作。

(2) 两人在训练过程中,特别是开始训练阶段只做原位对练,不要做步法移动。

(3) 除了做双人配合训练外,上述训练也可以进行单人练习,即左右手依次交换的掤捋挤按组合练习。

(4) 除了左手启动掤捋挤按外,为了全面起见,实践者仍需要做右手启动的掤捋挤按,这里不再示范,请大家自行演练。

(四) 训练安排

(1) 参照文字教程,学习本课训练内容约 10 分钟。

(2) 练习本课内容 10 分钟。

(3) 复习手法运动中的前两节的课程 10 分钟。

(4) 简化太极拳完整练习约 6 分钟。

(5) 三圆桩练习 5 分钟，最后以收功的形式结束整个训练。

（五）学练总结

实践者自己来完成。

第四天　推手技法实践（一）

（一）学习内容

掤架后的反击形式。

（二）训练目的

掌握基本的应对正向攻击的接触反击模式。

（三）课程讲解

掤是太极拳既高深又基础的技术，就如同五行中的"土"生万物一样，掤启诸劲。有太极高手者接手即能掤飞对手，此类高术莫用的技法不是本教程也不是本体系研究的范围之内的项目。我们研究的只是最基础的且最实用的技法，针对的群体是普通大众，所以任何平常人都可以完成我们的技术训练，也

第七周 实用推手入门

能达到自己想要的效果或结果,即健康身体,也能应对突发暴力。下面我们看掤在实战中的具体使用。

战例一 掤防按用

双方对峙,对手起右拳攻击实践者中线要害,实践者的异名手即左手上掤,从对手攻击手臂内侧挡住其来拳;然后顺势翻掌向外扑按对手的中线要害,这个时候要配合步法上身。同时需要注意的是右手需要置于面前,以防对手右手的攻击。(图 7-4-1~图 7-4-3)

图 7-4-1

图 7-4-2

图 7-4-3

战例二　左右手配合的掤按相随

双方对峙，对手起右拳攻击实践者中线要害，实践者的同名手即右手上掤，从对手攻击手臂外侧挡住其来拳；然后左手向前下拍按对手的攻击肘弯处令其下落，与此同时，右手从掤位直接启动捶击目标在对手中线，这个时候要配合步法上身。（图7-4-4~图7-4-6）

图 7-4-4

图 7-4-5

图 7-4-6

战例三　单手完成的掤按相随

双方对峙，对手起右拳攻击实践者中线要害，实践者的同名手即右手上掤，从对手攻击手臂外侧挡住其来拳；然后顺势翻掌向外扑按对手攻击手臂，令其中门大开，左手见缝插针配合步法攻击对手的中线要害。（图 7-4-7~图 7-4-10）

图 7-4-7

图 7-4-8

图 7-4-9

图 7-4-10

动作要点：

（1）除了通过对练的形式进行体认以外，实践者也可把技术组合从对练中提取出来，做单人训练。

（2）上述战例中，具体用什么步法来近身，取决于所用于反击的是左手还是右手。更多的时候，哪侧手反击，哪侧脚就在前面。

（四）训练安排

（1）参照文字教程，学习本课训练内容约 15 分钟。

（2）复习前三节课内容至少 10 分钟。

（3）简化太极拳完整练习约 6 分钟。

（4）三圆桩练习 5 分钟，最后以收功的形式结束整个训练。

（五）学练总结

实践者自己来完成。

第五天　推手技法实践（二）

（一）学习内容

掤架后的反击形式。

（二）训练目的

掌握基本的应对正向攻击的接触反击模式。

（三）课程讲解

战例四　双手捋——拦摔

双方对峙，对手起右拳攻击实践者中线要害，实践者的同名手即右手上掤，从对手攻击手臂外侧挡住其来拳；然后顺势翻掌向外抓拿对手的攻击手腕，左手附于对手的右臂肘后；把左腿从前面插入对手两腿之间，越靠近对手越好，双手合力做右平圆捋带对手，同时下边的施踩腿小腿后掤，上下同动，把对手摔翻在地。（图7-5-1~图7-5-5）

图7-5-1

图7-5-2 　　　　　　　　　图7-5-3

171

图 7-5-4　　　　　　　　　　图 7-5-5

战例五　双手捋——拦捶

此战例我们在第六周已做过介绍，不过那个时候是套路招式的对号入座的讲解。这里则是从推手角度来进行说明。其实无论哪个角度，实质都是一样的。

双方对峙，对手起右拳攻击实践者中线要害，实践者的同名手即右手上掤，从对手攻击手臂外侧挡住其来拳；然后顺势翻掌向外抓拿对手的攻击手腕，右手附于对手的右臂肘后；双手合力做右平圆捋带对手，此刻对手意识到实践者欲意何为，极力想回撤的时候，实践者仍需左手捋住对方的手肘，腾出右手进步捶打。（图 7-5-6~图 7-5-8）

图 7-5-6

图 7-5-7　　　　　　　　　　　图 7-5-8

动作要点：

(1) 战例四与战例五技法运用实为第三节课的推手套路捋按形变应用。

(2) 无论是前面推手套路练习中，还是本节战例中，控肘的捋非常重要。其能够防止对方肘的挤入。捋的过程中具体是手指向上还是手指与上臂平行，还需要具体情况具体对待，实践出真知，请大家多多练习。

(3) 除了通过对练的形式进行体认以外，实践者也可把技术组合从对练中提取出来，做单人训练。

（四）训练安排

(1) 参照文字教程，学习本课训练内容约 15 分钟。

(2) 复习前三节课内容至少 10 分钟。

(3) 简化太极拳完整练习约 6 分钟。

(4) 三圆桩练习 5 分钟，最后以收功的形式结束整个训练。

（五）学练总结

实践者自己来完成。

第六天　推手技法实践（三）

（一）学习内容

掤架后的反击形式。

（二）训练目的

掌握基本的应对正向攻击的接触反击模式。

（三）课程讲解

本节课我们给大家讲两例挤的应用。不过此挤施用部位不同于肢体的尖端，而是用前臂来挤对手，令其双臂自贴其身，以此来控制或束缚对手。

在战例三或战例五中，当实践者用一手按或捋控制对手攻击，用另一手做捶攻击对手中线时，对手极大可能用那只没有被实践者控制的手来予以应对。这种情况下，最可能出现两种不同的格挡形式，一是对手从实践者攻击手臂外侧施力做格挡，二是对手从实践者攻击手臂内侧施力做格挡。

第七周　实用推手入门

战例六　推挤

实践者用左手管制了对手的右手，用右手攻击对手的时候，对手用左手从实践者的右臂内侧向外施力做格挡。这个时候，实践者在左手管制对手右手的前提下，用左手拍击对手左臂肘弯处，同时用自己的左前臂向前水平推挤对手的双臂，最终用自己的左前臂把对手的双臂挤压到对手的身上，最终完成一伏二的管控，接下来就是用右手再次对对手进行攻击。（图7-6-1~图7-6-5）

图7-6-1

图7-6-2

图7-6-3

图7-6-4

图7-6-5

175

战例七 挤压

实践者用左手管制了对手的右手，用右手攻击对手的时候，对手用左手从实践者的右臂外侧向内施力做格挡。这个时候，实践者在左手管制对手右手的前提下，左手稍稍上掤，从对手的左臂外侧向内向前施压拍挤，使得对手左臂抵压到其右臂上，而右臂又挤在自身上，这样也完成了一伏二的管制，至此实践者复用右手攻击对手的中线要害。（图 7-6-6~图 7-6-11）

图 7-6-6

图 7-6-7

图 7-6-8

图 7-6-9

图 7-6-10　　　　　　　　图 7-6-11

动作要点：

(1) 除了通过对练的形式进行体认以外，实践者也可把技术组合从对练中提取出来，做单人训练。

(2) 挤的运用离不开下盘步法的配合。一般情况下，在挤进的同时，双脚进步向前推动身躯疾进即可。

(3) 至于"实践者在左手管制对手右手的前提下"是什么含义，我们认为就是黏住对手，让对手的活动仍然受到局限的意思。个中滋味，语言恐怕难于确切表达，还需要实践者多练习体认。

（四）训练安排

(1) 参照文字教程，学习本课训练内容约 15 分钟。

(2) 复习前三节课内容至少 10 分钟。

(3) 简化太极拳完整练习约 6 分钟。

(4) 三圆桩练习 5 分钟，最后以收功的形式结束整个训练。

(五)学练总结

实践者自己来完成。

第七天　复习总结第七周训练内容

复习本周训练内容，其要求与第一周第七天要求相同。

第四阶段　比较总结

　　大家经过了坚持不懈的练习，本书主体训练内容至此近乎结束。最后我们利用这一周的时间，对前面所学、所练内容进行一次整体性复习与总结；同时对照以往每次课程训练后的学习总结，与自己现在的水平比较，来求证进步与否。

第八周 专题复习

前面七周训练分别对应了手法训练、身法训练、腿法训练、周身一家训练、盘拳走架训练和最简单的推手体验六个版块的内容。这一周,我们在原有的训练基础上把每个版块分别拿出来进行浓缩,做个全面复习与提升点拨,完成整个教学训练课程。

第一天 手法训练复习

(一) 复习内容

第一周训练的各种手法运动。

(二) 复习目的

巩固与强化手法运动。

(三) 要点说明

手法训练是本教程起始的训练内容。之所以把手法运动放到最前面来讲解与练习,主要原因是上肢较躯干与下肢运动灵活，教程所定义的三圆概念完全能够通过手法运动表达清楚；另外，即便不学习太极拳而学练其他门派武术，手法运动的练习（当然也包括后面的身法与腿法练习）也会使实践者轻松入其门径。

在先前的手法练习中，我们着重强调动作需要"舒展大方"与"松而不懈"，相信实践者在训练当中都有所体会。在以后的练习中，建议在此基础上，把手法运动更细化一些进行训练，即把原来的"舒展大方"的"大"变化为"大小不等"，以此体会不同幅度同类手法动作带来的不同感受，为以后学习更多更复杂的内容做准备。另外，在运动速率上，建议大家把每一秒钟做一个圆运动，变化为快慢相间，快时以每秒钟两个圆为宜。再则，实践者需要在"松而不懈"的基础上，在运动过程中微微沿肢体纵轴向稍节用一点点力，目的是在手法训练中培养太极拳的核心劲即掤劲。

实践者在手法复习过程中也可以联系本教程后面的招式与拳架等内容，来寻觅一下相关手法运动在本教程中的具体去向。当然，由于教程内容有限，并非所有手法都能找到相对应的招式技法。

对此训练复习请大家再做总结，然后与前面第一周每天训练总结比对一下。通过总结、复习与比较，实践者应该能够确实感受到自己进步与否。

（四）训练安排

（1）复习第一周手法运动约40分钟。

(2) 简化太极拳完整练习约 6 分钟。

(3) 三圆桩练习 10 分钟，最后以收功的形式结束整个训练。

（五）学练总结

实践者自己来完成。

第二天　身法训练复习

（一）复习内容

第二周训练的各种身法运动。

（二）复习目的

巩固与强化身法运动。

（三）要点说明

全面复习第二周身法运动时，实践者特别要注意运动过程对髋胯的"管制"，一定不能让其不自觉地参与训练，否则身法训练效果打折扣就是肯定的了。

对于以后的身法训练，这里给大家三个方面的建议，其中两个与手法运动类似。一是速率应该提高，尽量快；二是动作幅度，大小需适应；第三个建议，为了使更多脊椎得到全面锻炼，在做身法运动时，游标手应该取不同的位置，例如实践者可以把游标手置于腹前做身法运动，以强化腰椎练习。

实践者通过本课练习进行总结，比照以前练习，看看自己身法运动是否进步。

（四）训练安排

（1）复习第二周手法运动约 40 分钟。

（2）简化太极拳完整练习约 6 分钟。

（3）三圆桩练习 10 分钟，最后以收功的形式结束整个训练。

（五）学练总结

实践者自己来完成。

第三天　腿法训练复习

（一）复习内容

第三周训练的各种腿法运动。

（二）复习目的

巩固与强化腿法运动。

（三）要点说明

腿法训练时大家应该牢记练习要点。除了动作圆整外，非常重要的两个环节即起腿需要脚过膝与保持脚趾沿脚面回勾，不应该忽视。起腿需要脚过膝实际上就是以胯带膝、以膝带脚做运动；脚趾回勾，意在抻筋拔骨。

本教程第三周除了为大家提供了腿法训练外，还进行了相关步法与踢技训练，但这个内容相应少许多，大家可以参考横立圆与平圆运动轨迹做相应的低难度踢技练习，比如横立圆对应侧分腿、平圆对应回旋腿。

实践者通过本课练习进行总结，比照以前练习，看看自己的腿法运动是否进步。

（四）训练安排

（1）复习第三周手法运动约40分钟。
（2）简化太极拳完整练习约6分钟。
（3）三圆桩练习10分钟，最后以收功的形式结束整个训练。

（五）学练总结

实践者自己来完成。

第四天　运动合成复习

（一）复习内容

第四周训练周身一家。

（二）复习目的

巩固与强化肢体运动合成能力。

（三）要点说明

所谓周身一家，实际上就是练一个"整"字。实践者在运动过程中，应身体各部位整个运动趋势相同。换话说，虽然各肢体都有其"自转"运动的一面，但"公转"都是一致的。这个一致性主要表现在：整体运动方向一致，运动轨迹相合，运动时间相同。

在第四周的训练中，本教程提供的训练内容可以说是太极拳的核心技法，特别是斜飞技法，其完全可以派生出花样繁多的招式来。把第四周训练内容中相关斜飞的招式连接起来做一个示范，可为大家以后进一步锻炼提供一个小的套路，该套路可定名为"连环斜飞"，具体内容会在互动视频中提供给大家。

实践者通过本课练习进行总结，比照以前练习，看看自己周身一家运动协调能力是否进步。

（四）训练安排

(1) 复习第四周各种技法运动约 40 分钟。
(2) 简化太极拳完整练习约 6 分钟。
(3) 三圆桩练习 10 分钟，最后以收功的形式结束整个训练。

（五）学练总结

实践者自己来完成。

第五天　盘拳走架复习

（一）复习内容

第（五）六周训练的简化太极拳套路。

（二）复习目的

巩固与强化二十四式太极拳套路的学练。

（三）要点说明

简化太极拳虽然总共只包含二十四个招式，但其可说是众多太极拳招式的精华浓缩。无论是健身还是防身，请大家不要小视其功用。

整体的简化太极拳的练习大体可分成三个阶段。

第一阶段　整形

在塑形阶段，首先要讲究立身中正、心静体松。所谓"端正"，就是体要正直、中正，不可前俯后仰、左右歪斜，要保持尾闾和脊椎呈一直线，始终处于端正状态。在练习太极拳时要抓住姿势"中正"这一重要环节，立身中正才能稳住下盘重心。初学时可能会出现动作死板与不够灵活的现象，但是只要勤学多练，就能由拙变巧，在中正的基础上求圆匀。所谓"心静"，就是心平气静；"体松"就是身体舒展。在练习过程中，思想上要尽量排除一切杂念，专心地把精神贯注到每个细小的动作上去。

第二阶段　顺劲

当大脑逐步建立了完整正确的技术动作概念，形体外表符合太极拳的技术要求，即动作规范、立身端正、心静、体松、套路熟练，达到自如的程度时，就应当注意动作的匀劲。要使动作表现出匀劲，必须注意"连贯圆活""上下相随"两方面的练习。

"圆活"就是动作不能直来直去，练习时动作要做得灵活自然、衔接活顺。在动作要领上要特别注意由腰背带动四肢进行活动,体会转腰、旋臂、松肩、垂肘、屈膝、松胯。"连贯"是指各动作之间都前后衔接,不可出现停顿、突变和断续的痕迹。全套动作要势势相连,运转不停,犹如春蚕吐丝、绵绵不断,像行云流水相连无间,节节贯穿,一气呵成。"上下相随"指的是三线整体的配合要协调一致,上下连贯,周身一家。针对这个阶段的练习应该是先从理论入手,多参考一些太极拳名家的动作视频。其次,反复练习套路,由感性练习上升为理性练习,逐步使动作走出顺畅之劲。

第三阶段 求意

求意阶段是练好简化太极拳的最高阶段。在本阶段的练习中,主要强调意识与呼吸、动作的协调一致,故有"意、气、神"合一之说。这个阶段内容不在本教程讨论之列,所以不做过多说明。

实践者通过本课练习进行总结,比照以前练习,看看自己盘拳走架是否进步。

(四) 训练安排

(1) 复习第(五)六周简化太极拳拆解与整体训练约40分钟。

(2) 简化太极拳完整练习约6分钟。

(3) 三圆桩练习10分钟,最后以收功的形式结束整个训练。

（五）学练总结

实践者自己来完成。

第六天　实战训练复习

（一）复习内容

第七周实用推手入门。

（二）复习目的

重温实用推手入门，强化训练模式的练用一体性。

（三）要点说明

本教程所提供的这个训练模式是非常初级的，但也是非常重要的。这样做的目的是通过训练让以前没有接触过实战的实践者能够最大限度地适应实战中的"往来"，逐渐提高自己手眼身步在实战中的协调性。重复训练是提高自身技能的一个重要手段，这不但适用于个人训练，更适合对抗练习。实用推手训练非常需要大量的重复练习，以不断体认其中的要点。

武术是一种以肢体对抗为表达方式的动态艺术，所以，最终的目的还在一个用字上。想用就从我们的简单训练模式入手，至于更深入、更完善的训练模式不是本教程内容所属，但是以此入门绝对是捷径之选。只要放下傲慢与偏见，你会得到更多……

（四）训练安排

（1）复习第七周推手内容约 40 分钟。

（2）简化太极拳完整练习约 6 分钟。

（3）三圆桩练习 10 分钟，最后以收功的形式结束整个训练。

（五）学练总结

实践者自己来完成。

第七天　整体学习总结

本教程的各位实践者，请用心总结一下自己这两个月的学习与训练情况。也可以加李永坤的微信（微信号：XieMengQiaoFeng），求同存异，互通有无，相互学习，共同进步。但需要说明的是，本人以学术研究为己任，至于门派争论及其他无关学术的话题不在本人研究的范围内……

本书动作示范：李永坤　王扬　李琦宇　常志兴

图书推荐

《菲律宾短棍精解》

中国武术界第一本深入研究国外短棍技法的专业著作，其内容精炼，却不失可读性与可操作性。该书于2009年由人民体育出版社出版，十年来多次再版，已经成为众多武术爱好者研修短棍技艺的启蒙入门读本与重要的参考资料。

《险境求生 截拳道防刀训练指南》

中国武术界第一本研究街头自卫防刀训练的专业著作，其内容全面、翔实，系统性、可操作性强。该书于2017年由人民体育出版社出版，是"乔峰·健安体系丛书"中的第一本实用安防教程。

图书在版编目(CIP)数据

轨迹太极：太极拳科学训练八周通 / 于学风，李永坤，杨浩编著. –北京：人民体育出版社，2019
（乔峰·健安体系丛书 / 李永坤主编）
ISBN 978-7-5009-5515-3

Ⅰ.①轨… Ⅱ.①于… ②李… ③杨… Ⅲ.①太极拳-基本知识 Ⅳ.①G852.11

中国版本图书馆 CIP 数据核字(2019)第 000432 号

*

人民体育出版社出版发行
中国铁道出版社印刷厂印刷
新 华 书 店 经 销

*

880×1230　32 开本　6.75 印张　150 千字
2019 年 3 月第 1 版　2019 年 3 月第 1 次印刷
印数：1—3,000 册

*

ISBN 978-7-5009-5515-3
定价：32.00 元

社址：北京市东城区体育馆路 8 号（天坛公园东门）
电话：67151482（发行部）　　邮编：100061
传真：67151483　　　　　　　邮购：67118491
网址：http://www.sportspublish.cn

（购买本社图书，如遇有缺损页可与邮购部联系）